Penser la liberté et le temps avec Kant

Ouverture philosophique

Collection dirigée par Aline Caillet, Dominique Chateau, Jean-Marc Lachaud et Bruno Péquignot

Une collection d'ouvrages qui se propose d'accueillir des travaux originaux sans exclusive d'écoles ou de thématiques.

Il s'agit de favoriser la confrontation de recherches et des réflexions qu'elles soient le fait de philosophes « professionnels » ou non. On n'y confondra donc pas la philosophie avec une discipline académique ; elle est réputée être le fait de tous ceux qu'habite la passion de penser, qu'ils soient professeurs de philosophie, spécialistes des sciences humaines, sociales ou naturelles, ou… polisseurs de verres de lunettes astronomiques.

Dernières parutions

Aklesso ADJI, *Ethique, politique et philosophie*, 2014.
Christian MIQUEL, *Apologie de l'instant et de la docte ignorance*, 2014.
Paul-Emmanuel STRADDA, *L'Être et l'Unité*, 2 volumes, 2014.
Carlo TAMAGNONE, *La philosophie et la théologie philosophale*, 2014.
Jacques POLLAK-LEDERER, *L'Ontologie écartelée de Georges Lukács*, 2014.
Tahir KARAKAŞ, *Nietzsche et William James, Réformer la philosophie*, 2013.
Mounkaila Abdo Laouli SERKI, *Rationalité esthétique et modernité en Afrique*, 2013.
Olivier DUCHARME, *Michel Henry et le problème de la communauté. Pour une communauté d'habitus*, 2013.
Simon HAGEMANN, *Penser les médias au théâtre. Des avant-gardes historiques aux scènes contemporaines*, 2013.
Alain SAGER, *L'Homme sans dieu ? De Cicéron à Marc-Aurèle*, 2013.
Reza ROKOEE, *Le rêve et l'éveil dans les écrits de Husserl*, 2013.

Pascal Gaudet

Penser la liberté et le temps avec Kant

La fondation morale de l'existence

L'Harmattan

Du même auteur
Chez le même éditeur

Penser la politique avec Kant, 2014.

Philosophie et existence, 2014.

L'anthropologie transcendantale de Kant, 2011.

Kant et la fondation architectonique de l'existence, 2011.

Le problème de l'architectonique dans la philosophie critique de Kant, 2009.

Kant et le problème du transcendantalisme, 2006.

Qu'est-ce que penser ?, 2003.

Phénoménologie de la réflexion dans la pensée critique de Kant, 2002.

L'expérience kantienne de la pensée. Réflexion et architectonique dans la Critique de la raison pure, 2001.

5-7, rue de l'Ecole-Polytechnique, 75005 Paris

http://www.harmattan.fr
diffusion.harmattan@wanadoo.fr

ISBN : 978-2-343-02887-3
EAN : 9782343028873

A Robert et Gisèle Gaudet

Qu'il me soit permis d'exprimer ici la reconnaissance profonde que je dois à Monsieur le Professeur Jeffrey Andrew Barash (Université de Picardie, Amiens).

Dans son analyse de la critique par Cassirer de l'interprétation heideggerienne de Kant, J. Rivelaygue écrit que « la tension interne du kantisme [...] réside [...] entre l'Être et le devoir-être – le temps et la liberté »[1]. Ce que J. Rivelaygue nomme « tension » peut s'entendre comme une « opposition »[2] irréductible entre deux domaines qui « se limitent sans cesse [...] dans les effets qui sont les leurs au sein du monde sensible », mais dont en même temps l'un (« le concept de liberté ») « *doit* [...] avoir une influence sur » l'autre (« le concept de la nature »), d'où la nécessité de penser entre eux un « passage »[3], ce qui nous situe dans une perspective « architectonique » (comme expérimentation incessante des « passages ») réfléchissante (au sens du jugement réfléchissant de la troisième *Critique*).

Ainsi, nous nous proposons d'explorer le plus originairement cette « tension interne du kantisme ». Notre hypothèse de travail est que cette « tension » ne peut être comprise que dans une interprétation de l'essence « architectonique » de la métaphysique critique, le « transcendantalisme » « architectonique » « constituant » (en un sens qu'il conviendra de préciser) l'« être » de l'homme (« l'être-homme », suivant une expression de Heidegger[4]) en sa dualité théorico-pratique.

Partons de l'idée selon laquelle le « transcendantal », en tant qu'il est clairement distingué par Kant de l'« empirique » (qu'il rend possible)[5], doit être, par là même, distingué du

---

1 J. Rivelaygue, *Leçons de métaphysique allemande* II, Grasset, Paris, 1992, p. 375.

2 *Ibid.*

3 Kant, *Critique de la faculté de juger* (cité *CJ*), AK. (= Akademie-Ausgabe, Berlin) V, 175-176, trad. A. Renaut, GF Flammarion, Paris, 2000, p. 153-154.

4 Heidegger, *De l'essence de la liberté humaine*, trad. E. Martineau, Gallimard, Paris, 1987, p. 126.

5 M. Foucault, *Les mots et les choses*, Gallimard, Paris, 2004, p. 352.

« temporel », c'est-à-dire de ce qui est *dans* le « temps ». Mais faut-il aller plus loin et concevoir le « transcendantal » comme « hors du temps » ? Qu'est-ce, en effet, que le « transcendantal », sinon ce qui (s')exprime (comme) l'essence même de l'esprit ? Or, n'« appartient »-il pas « à l'essence même de la pensée critique, comme l'écrit A. Philonenko, de transcender toute histoire et toute facticité, de substituer, à l'ordre des faits, celui de la valeur et du droit »[6] ? Ne convient-il pas, dès lors, de concevoir le « transcendantal » comme « éternel » ? « « Transcendantal », écrit A. Kojève, signifie chez Kant : ce qui rend l'expérience possible. Or, l'expérience est essentiellement temporelle, et tout ce qui est temporel appartient au domaine de l'expérience. « Transcendantal » signifie donc : ce qui rend possible le temporel en tant que temporel. Kant dit que l'entité transcendantale est « avant » le Temps ou « hors » du temps. Le transcendantal est donc « éternel » ou, comme dit Kant lui-même, « *a priori* » ; c'est dire qu'il précède « le temporel pris en tant que temporel » »[7]. S'agissant plus spécifiquement du domaine « pratique » (c'est-à-dire de ce qui est « possible par liberté »[8], soit de « l'action, en tant qu'elle doit être assignée à ce qui relève de la pensée comme à sa cause »), Kant écrit : « La raison pure, en tant que pouvoir simplement intelligible, n'est pas soumise à la forme du temps, ni non plus, par conséquent, aux conditions de la succession chronologique. La causalité de la raison dans le caractère intelligible ne naît pas ou ne commence pas en un certain temps à produire un effet [...] Relativement au caractère intelligible [...], il n'y a ni avant ni après »[9], ce qui semble bien correspondre à la définition de l'« éternité » comme « *duratio noumenon* », « perpétuation [...] [suprasensible] »[10].

---

[6] A. Philonenko, *in* Kant, *Qu'est-ce que s'orienter dans la pensée ?*, Vrin, Paris, 1993, Introduction, p. 28.

[7] A. Kojève, *Introduction à la lecture de Hegel*, Gallimard, Paris, 1979, p. 357.

[8] Kant, *Critique de la raison pure* (cité *CRP*), AK. III, 520, trad. A. Renaut, GF Flammarion, Paris, 2001, p. 655.

[9] *Ibid.*, AK. III, 373-374, *o.c.*, p. 506-507.

[10] Kant, *La fin de toutes choses*, AK. VIII, 327, trad. F. Proust, GF Flammarion, Paris, 1994, p. 107-108.

Mais comment penser alors le passage entre l'« éternité » transcendantale propre à la « spontanéité » de l'esprit et le « temps » comme forme *a priori* de la « sensibilité » ? Et, de là, le passage de l'« éternité » transcendantale de l'esprit au « temporel » ? Comment donc concevoir la possibilisation transcendantale du temporel dans les domaines de la pensée (« penser, écrit Kant, inclut un réfléchir qui, lui-même, ne peut se produire que dans le temps »[11]) et de l'action (morale) – problème de la réalisation dans le monde de la (pensée de la) loi morale – ?

Ce rapport entre l'éternité (de la forme transcendantale) et le temps, n'est-ce pas précisément ce que met en œuvre le « schématisme » de l'entendement pur et ses diverses reprises transformantes dans l'architectonique ?

Mais ne faut-il pas aller plus loin en considérant que le « temps » comme forme *a priori* de la sensibilité relève toujours déjà de l'éternité transcendantale ? Ainsi, on pourrait souligner, après Heidegger, « le fait que Kant, parlant du temps et du « je pense », leur attribue les mêmes prédicats essentiels »[12], Heidegger citant, à ce propos, deux passages de la première *Critique*, l'un extrait de la déduction transcendantale : « le Je fixe et permanent (de l'aperception pure) »[13], l'autre extrait du chapitre sur le schématisme : « Le temps ne s'écoule pas, mais en lui s'écoule l'existence de ce qui est soumis au changement [...] [Le] temps donc [...] est lui-même immuable et stable »[14]. D'un côté donc, le Moi transcendantal comme « origine [« l'Éternité » même, selon A. Kojève] du Concept éternel »[15], de l'autre ce qui pourrait, semble-t-il, s'interpréter comme l'éternité même du temps (l'éternité-temps) comme ce qui « demeure et reste

[11] *Ibid.*, AK. VIII, 334, *o.c.*, p. 117.

[12] Heidegger, *Kant et le problème de la métaphysique*, trad. A. de Waelhens et W. Biemel, Gallimard, Paris, 1981, p. 246.

[13] Kant, *CRP*, AK. IV, 91, *o.c.*, p. 193.

[14] *Ibid.*, AK. III, 137/IV, 102, *o.c.*, p. 228.

[15] A. Kojève, *Introduction à la lecture de Hegel*, *o.c.*, p. 357.

permanent »[16] (que l'on songe à la représentation de l'éternité comme ce qui « dure et se poursuit conformément à ce qui s'est passé et décidé à l'instant où le temps s'est arrêté »[17]). Ainsi, le « temps » doit être distingué du « temporel » comme sa fondation transcendantale. Quant à la pensée, en sa dimension « éternelle-transcendantale » (cf. *supra*), elle serait « temps », en ce sens qu'elle « inclut un réfléchir qui, lui-même, ne peut se produire que dans le temps » (cf. *supra*), la pensée pouvant être conçue comme « fonction » (au sens kantien[18]) de temporalisation, c'est-à-dire comme « transcendant(al)e » à ce « réfléchir » (temporel) qu'elle rend possible. Selon cette hypothèse, aucun « élément » (au sens de la Théorie transcendantale – architectonique – des « éléments ») de la transcendantalité architectonique (éternelle, cf. *supra*) ne serait « hors » du « temps ». Par exemple, que la loi morale soit intemporelle ou « supratemporelle » (A. Renaut)[19] – « le moi nouménal, écrit J. Rivelaygue, [...] est la liberté posant la loi »[20] –, cela ne signifierait donc pas qu'elle est « hors » du « temps ». Nous proposerions de la concevoir comme ressortissant au « temps » de la « pensée » transcendantale (cf. *supra*), ce qui permettrait de comprendre comment elle peut se temporaliser, se phénoménaliser, c'est-à-dire « [s'inscrire] [...] dans la nature » (A. Renaut)[21]. La loi morale participerait du « temps » de la (et comme) « transcendantalité » architectonique : elle est un « élément » de la « transcendantalité » architectonique – elle ressortit à l'essence du pouvoir de désirer –, « transcendantalité » qui fonde à la fois la représentation (de la réalisation) de cette loi, dans l'« épigenèse » (cf. *infra* II) architectonique, comme

---

[16] Kant, *CRP*, AK. III, 163/IV, 124-125, *o.c.*, p. 254.

[17] F. Proust, *in* Kant, *La fin de toutes choses* (et autres textes), *o.c.*, Introduction, p. 38.

[18] Kant, *CRP*, AK. III, 85/IV, 58, *o.c.*, p. 155 : « j'entends par fonction l'unité de l'action consistant à ordonner des représentations diverses sous une représentation commune ».

[19] A. Renaut, *Kant aujourd'hui*, Flammarion, Paris, 1999, p. 301.

[20] J. Rivelaygue, *Leçons de métaphysique allemande* II, *o.c.*, p. 432.

[21] A. Renaut, *in* Kant, *CRP*, *o.c.*, note 133, p. 717.

contenu dans le sens interne (cf. *infra* II), et l'effectivité de l'action.

Le « temps », ainsi conçu en son essence transcendantale, le « temps » du transcendantalisme (comme « éternité » transcendantale, cf. *supra*) se manifesterait sous des formes diverses selon le lieu architectonique de l'objet à penser (c'est-à-dire à mesure que se « désenveloppe » « épigénétiquement » l'architectonique, cf. *infra* II), à savoir tantôt comme « schématisme » de l'entendement pur (le « temps » (de la connaissance) de l'expérience), tantôt comme « schème » de l'Idée architectonique (le « temps » de la pensée rationnelle), tantôt comme « sensible pur » ou comme « type » (le « temps » de la pensée pratique), tantôt encore comme « schématisme » esthétique (cf. *infra* II). A chaque fois, la « fonction » (cf. *supra*) transcendantale de temporalisation devrait être reconnue comme condition de possibilité de la (re)présentabilité (dans le sens interne) des contenus, soit comme la fondation transcendantale de l'architectonique en sa « mobilité multidimensionnelle », comme dirait M. Richir[22].

Mais cette conception de l'« éternité-temps » du « transcendantal » comme ouverture fondationnelle théorique et pratique au temporel pose problème. Peut-on, en effet, légitimement interpréter l'« immuabilité » et la « stabilité » (cf. *supra*) du « temps » comme des attributs de l'« éternité » ? Et, de là, est-il même légitime de concevoir le « Je fixe et permanent (de l'aperception pure) »[23] comme « l'Éternité » (cf. A. Kojève)[24] ?

A la vérité, c'est dans le cadre d'une analyse du « schème » de la « substance »[25] que Kant évoque l'« immuabilité » et la « stabilité » du « temps ». « [Nous ne] pouvons [...] jamais déterminer, écrit Kant, [...] si [...] [le]

---

[22] M. Richir, *in* F. Pierobon, *Kant et la fondation architectonique de la métaphysique*, Préface, Millon, Grenoble, 1990, p. 6.

[23] Kant, *CRP*, AK. IV, 91, *o.c.*, p. 193.

[24] A. Kojève, *Introduction à la lecture de Hegel*, *o.c.*, p. 357.

[25] Kant, *CRP*, AK. III, 137/IV, 102, *o.c.*, p. 228.

divers [phénoménal], comme objet de l'expérience, est simultané ou successif, à moins qu'il y ait à son fondement quelque chose qui est toujours là, c'est-à-dire quelque chose qui demeure et reste permanent [...] La permanence exprime en général le temps comme constituant le corrélat constant de toute existence des phénomènes [...] »[26]. Ainsi, la « permanence » est une « détermination transcendantale » (Heidegger)[27], la question « transcendantale » portant, comme le souligne J. Benoist, sur le problème de la « transcendance de l'objet », c'est-à-dire de la « *Gegen-ständlichkeit* comme telle », soit le « « tenir en face » de l'objet »[28]. Or, la pensée kantienne de l'« immuabilité » du « temps », comme pensée du « schème » de la substance et de sa « règle d'application [...] aux objets empiriques » (c'est ainsi que J. Rivelaygue définit le « principe » de la permanence de la substance)[29], s'inscrit nécessairement dans la théorie de l'aperception originaire, le « Je pense », qui se manifeste, en l'occurrence, comme un « Je pense la substance » (cf. Kant[30]). D'où l'interprétation de Heidegger : « il est manifeste que le temps, comme affection pure de soi, ne se trouve pas « dans l'esprit » « à côté » de l'aperception mais que, en tant que fondement de la possibilité de l'ipséité, il est déjà inclus dans l'aperception pure et permet que l'esprit soit ce qu'il est. Le soi fini pur a en lui-même un caractère temporel. Si donc le moi (la raison pure) est essentiellement temporel, il faudra comprendre à partir de ce caractère la détermination fondamentale que Kant donne de l'aperception transcendantale. Le temps et le « je pense » ne sont plus désormais inconciliables, ne s'opposent plus par une différence de nature mais ils sont identiques [...] Ce n'est que comme soi fini, c'est-à-dire aussi longtemps qu'il est temporel, que le moi demeure « permanent et immuable » au

[26] *Ibid.*, AK. III, 163/IV, 124-125, *o.c.*, p. 254.

[27] Heidegger, *Kant et le problème de la métaphysique*, *o.c.*, p. 248.

[28] J. Benoist, *Kant et les limites de la synthèse*, PUF, Paris, 1996, p. 21 et 23.

[29] J. Rivelaygue, *Leçons de métaphysique allemande* II, *o.c.*, p. 155.

[30] Kant, *CRP*, AK. IV, 217, *o.c.*, p. 361.

sens transcendantal »[31] (Heidegger ayant préalablement établi l'identité du temps et du soi pratique[32]).

Faut-il donc considérer, comme Heidegger, que la « problématique transcendantale [de Kant] ne pose même [...] aucune question [...] [au] sujet [de « l'atemporalité et [de] l'éternité du moi [théorique] »] »[33] ? Heidegger n'en reconnaît d'ailleurs pas moins, comme l'a montré J.-A. Barash, que la théorie kantienne d'un « sujet » conçu comme « conscience en général » est indissociable de l'idée du « caractère éternel et immuable de la vérité », c'est-à-dire que la philosophie de Kant « [présuppose] pour la pensée un refuge non temporel »[34]. Dès lors, serait légitime la thèse de A. Kojève selon laquelle « [dire] qu'il y a épistèmé, [...], vérité [...], – c'est dire qu'il y a des concepts universellement et nécessairement valables ; c'est-à-dire des concepts d'une part valables à tout moment du Temps, et d'autre part excluant le Temps de soi (c'est-à-dire ne pouvant jamais être modifiés) ; c'est donc dire qu'il y a des concepts a priori, [...] transcendantaux, [...] éternels [...] L'unité de l'Éternité essentielle consciente de soi a douze aspects, qui sont les fameuses douze catégories-concepts »[35].

Mais comment le « temps » peut-il être rapporté à l'« éternité » ?

Par ailleurs, si « penser inclut un réfléchir qui, lui-même, ne peut se produire que dans le temps » (Kant)[36], si donc l'acte de penser est « temps », c'est-à-dire fondation transcendantale du « temporel » (le « réfléchir »), et s'il n'y a qu'« un seul temps » (Kant)[37], le « temps » de la pensée n'est-il pas nécessairement l'intuition pure « exposée »[38] dans l'Esthétique transcendantale ?

---

[31] Heidegger, *Kant et le problème de la métaphysique*, *o.c.*, p. 246-248.

[32] *Ibid.*, p. 213-217.

[33] *Ibid.*, p. 248.

[34] J.-A. Barash, *Heidegger et son siècle. Temps de l'Être, temps de l'histoire*, PUF, Paris, 1995, p. 30 et 115.

[35] A. Kojève, *Introduction à la lecture de Hegel*, *o.c.*, p. 357.

[36] Kant, *La fin de toutes choses*, AK. VIII, 334, *o.c.*, p. 117.

[37] Kant, *CRP*, AK. III, 166/IV,128, *o.c.*, p. 257.

[38] *Ibid.*, AK. III, 52/IV, 31, *o.c.*, p. 120.

Mais la temporalisation de la pensée, soit l'« opération consistant à rendre sensible [*Versinnlichung*] »[39] un contenu, est-elle réductible à l'intuition pure ?

Ainsi, il nous faudra :

1 – produire une architectonique des « schématisations », afin de préciser la nature du rapport de la pensée à l'intuition pure du temps au sens de l'Esthétique transcendantale de la première *Critique* ;

2 – penser architectoniquement les questions du transcendantalisme, du « temps » et de l'« éternité » ;

3 – poser le problème d'une « histoire de la raison pure », « histoire » que Kant conçoit comme le rapport de la temporalité de l'événement à l'« éternité » de ce que J.-A. Barash appelle le « normatif », soit les « normes universelles de la raison »[40]. Plus précisément, nous poserons le problème dans la perspective du travail de la « pensée ». Comment concevoir une « histoire » de la « pensée » ? Comment l'Idée architectonique (c'est-à-dire l'Idée du « système », de la « science », de la « vérité ») peut-elle « durer » ? Précisons encore : comment la « pensée », comme acte de « liberté », peut-elle faire œuvre ? Comment la « pensée » critique peut-elle inaugurer (et constituer) un « temps » (le « siècle de la critique »[41]) ? Mais la « liberté » se rapporte-t-elle alors au « temps » ou faut-il la penser comme « le » « temps » même, c'est-à-dire penser une cooriginarité de la « liberté » et du « temps » ? Nous essaierons de montrer que c'est précisément à ce niveau d'analyse que surgit l'originalité du concept kantien d'« historicité » de la « pensée ».

*

Notre hypothèse de travail est donc que la « transcendantalité » du « temps » ne pourra être comprise que dans la perspective de l'effectivité « transcendantale » de l'« architectonique ».

---

[39] Kant, *CJ*, AK. V, 351, *o.c.*, p. 340.

[40] J.-A. Barash, *Heidegger et le sens de l'histoire*, Galaade, Paris, 2006, p. 41-43.

[41] Kant, *CRP*, AK. IV, 9, *o.c.*, p. 65.

L'« architectonique », comme Idée d'une « unité systématique »[42] des pouvoirs de l'esprit, est l'exigence critique « auto-fondationnelle » de la « pensée » (exigence propre à une « métaphysique » conçue comme « scientifique »). La « pensée » (au sens de l'Idée critique) s'exerce à tout instant, nous avons visé à l'établir dans nos travaux précédents, en fonction des oppositions, homologies, interactions, transformations, tensions et passages architectoniques. L'architectonique est définie comme l'Idée qui « détermine » « la position des parties les unes par rapport aux autres »[43], donc la production des contenus, travaillant inlassablement à orienter la pensée d'après ce « but »[44] qui est de concevoir *et* de mettre en œuvre « la destination complète de l'être humain »[45].

Nous montrerons dans la présente étude que la fonction « schématisante » constitue l'essence même du mouvement de l'architectonique et qu'elle doit s'entendre en un sens qui dépasse le cadre strict du « schématisme » de l'entendement pur. L'architectonique sera alors saisie dans l'articulation (auto-) fondationnelle des divers « schématismes » qu'elle met en œuvre selon les lieux où se constituent ses objets et au moyen desquels elle vise à « rendre sensibles » ses contenus, c'est-à-dire à les représenter dans le sens interne, ce qui leur confère une « signification ». Plus précisément, il s'agira de mettre au jour comment le « schématisme » de l'entendement pur s'articule aux « schématismes » de l'Idée architectonique, de l'« analogie » (« schème de la raison »[46], « typique », « symbolisme »), de la « réflexion » esthétique.

*

Par ailleurs, si l'architectonique est comprise comme le pouvoir de « penser » en rupture avec la « disposition naturelle »

[42] *Ibid.*, AK. III, 538, *o.c.*, p. 674.
[43] *Ibid.*
[44] *Ibid.*, AK. III, 539, *o.c.*, p. 674.
[45] *Ibid.*, AK. III, 543, *o.c.*, p. 679.
[46] *Ibid.*, AK. III, 440, *o.c.*, p. 573.

à faire de la métaphysique (« *metaphysica naturalis* »)[47] ; si, en outre, on interprète l'exigence (« scientifique ») auto-fondationnelle de la pensée dans la perspective de l'Idée transcendantale du « sens commun » (comme Idée d'« autonomie »[48] du jugement), comment alors ne pas penser l'architectonique comme « liberté » ?

Comment donc concevoir cette « liberté » ? Et comment soutenir que le « temps » (de l'architectonique) est par essence « liberté », qu'il surgit comme acte de « liberté » ? Mais aussi comment soutenir que le temps de l'architectonique est l'essence même *du* temps ?

*

Ce que J. Rivelaygue caractérise comme « tension » entre le « temps » et la « liberté » (cf. *supra*) ne doit-il pas plutôt se concevoir dans la perspective d'une cooriginarité ou, pour reprendre des expressions par lesquelles Heidegger pense « être *et* temps », d'une « coappartenance », d'une « liaison » « [originelles] »[49] du « temps » et de la « liberté » (de l'architectonique) ?

Par ailleurs, si l'architectonique peut être interprétée comme (auto-) fondation « transcendantale » de l'« existence » humaine[50], ne faut-il pas alors reconnaître le « temps » et la « liberté », en leur cooriginarité architectonique, comme l'« être » même de l'homme ? Mais en quel sens doit s'entendre ce « fondement » « ontologique » ? Comment concevoir le « temps » et la « liberté » (de l'architectonique) le plus originairement ? S'il convient de soutenir, en suivant J. Rivelaygue, que « le schématisme [de l'entendement pur] [...] ne traite pas de l'homme en sa totalité »[51], l'architectonique des

---

[47] *Ibid.*, AK. III, 41, *o.c.*, p. 108.

[48] Cf. Kant, *CJ*, AK. V, 294, *o.c.*, p. 279.

[49] Cf. Heidegger, *De l'essence de la liberté humaine*, *o.c.*, p. 116, p. 119.

[50] Cf. notre ouvrage *Kant et la fondation architectonique de l'existence*, L'Harmattan, Paris, 2011.

[51] J. Rivelaygue, *Leçons de métaphysique allemande* II, *o.c.*, p. 376-377.

divers « schématismes » mis en œuvre par la pensée critique (cf *supra*) ne constitue-t-elle pas, quant à elle, l'« être-homme » ?

Si l'« entendement le plus commun »[52] n'est pas conscient des structures transcendantales théoriques qui participent « épigénétiquement » (cf. *infra* II) de l'auto-fondation transcendantale de l'existence humaine, cet « entendement », dans le domaine pratique cette fois, « discerne très aisément et sans hésitation [...] [ce] qu'il y a à faire d'après le principe de l'autonomie de l'arbitre [...] ; cela signifie : ce qui est *devoir* se présente de soi-même à chacun »[53]. Ainsi, une existence « proprement » humaine ne se fonde-t-elle pas dans « la saisie du fait de la loi morale », « saisie » dans laquelle « le mode et le degré de savoir théorique ou même philosophique n'entrent absolument pas en ligne de compte », « le vouloir [...] [étant] seul décisif »[54] ? Tel serait le sens d'un primat existentiel du « pratique ». Mais, si « ce qui est *devoir* se présente de soi-même à chacun » (cf. *supra* Kant), que signifie « vouloir » son « devoir »[55] ?

Cela ne s'éclaire-t-il pas, architectoniquement, dans la conscience de l'*Aufhebung*[56] entre le « savoir » et la « croyance » ? « Exister », ce serait alors s'approprier par la pensée *et* mettre en œuvre le système « transcendantal » des pouvoirs de l'esprit, c'est-à-dire s'élever à la compréhension de l'Idée criticiste d'« humanité » et former la « résolution » (en un sens dérivé de Descartes[57]) de « temporaliser » conformément à l'exigence de l'architectonique et à sa téléologie (laquelle, selon

---

[52] Kant, *Critique de la raison pratique* (cité *CRPr*), AK. V, 64, trad. J.-P. Fussler, GF Flammarion, Paris, 2003, p. 135.

[53] *Ibid.*

[54] Heidegger, *De l'essence de la liberté humaine*, *o.c.*, p. 266.

[55] Cf. *ibid.*

[56] Kant, *CRP*, AK. III, 19 : « Ich musste also das Wissen *aufheben* [nous soulignons], um zum Glauben Platz zu bekommen », *o.c.*, p. 85 : « Il me fallait donc mettre de côté le savoir afin d'obtenir de la place pour la croyance».

[57] Cf. Descartes, *Les Passions de l'âme*, Troisième partie, article 153, Vrin, Paris, 1970, p. 177.

Kant, nous l'avons montré ailleurs[58], donne « sens » à l'existence). L'homme ferait ainsi surgir « de lui-même » (c'est-à-dire « spontanément »), dirait Kant[59], (le « temps » de) la « liberté » architectonique (cf. *infra* III).

*

Mais est-il légitime de penser l'« existence » comme « proprement » « humaine » ou « impropre » (« inappropriée ») en fonction de son rapport à l'Idée « transcendantale » criticiste de l'« être » de l'« homme » ? Comment l'architectonique fonde-t-elle la légitimité de ces concepts et que penser de sa légitimation de l'Idée d'« humanité » ? C'est ce que nous viserons à établir en explorant le plus originairement dans les limites de l'exigence critique (idéaliste transcendantale) le concept de « transcendantalisme ».

Comment donc apprécier l'idée selon laquelle l'existence s'accomplit dans l'« espérance » au sens de la théologie morale de Kant[60] ? Cette interrogation nous situe au cœur de la question du « devoir » : « Que dois-je faire ? »[61]. L'*Aufhebung* qui fonde l'architectonique critique n'a-t-elle pas pour « sens » de montrer que « le statut du sujet (à faire, à être) reste [...] indéterminé par l'institution de la science » et d'« amener le penseur à réfléchir sur la raison pratique » (F. Pierobon)[62] ? Mais que signifie une « raison pratique », c'est-à-dire une « liberté » qui « veut » ce qui « doit » être ? Qu'en est-il donc de notre « devoir » ? Et que penser de la fondation (réfléchissante) « théologique » de l'« éthique » criticiste ?

---

[58] Cf. notre ouvrage *L'anthropologie transcendantale de Kant*, L'Harmattan, Paris, 2011, p. 54-61.

[59] Kant, *CRP*, AK. III, 310, *o.c.*, p. 444.

[60] Cf. notre ouvrage *L'anthropologie transcendantale de Kant*, *o.c.*, p. 54-61.

[61] Kant, *CRP*, AK. III, 522, *o.c.*, p. 658.

[62] F. Pierobon, *Kant et la fondation architectonique de la métaphysique*, *o.c.*, p. 49.

CHAPITRE I

Le problème de l'architectonique

Dans la préface de la première édition de la *Critique de la raison pure*, Kant distingue les deux « versants [*Seiten*] » de sa Déduction transcendantale : la déduction objective doit « démontrer, ainsi que rendre compréhensible, la validité objective [des] concepts *a priori* [de l'entendement] », la question qu'elle pose, jugée par Kant comme « [relevant] de [ses] objectifs, et même de façon essentielle », cette question, jugée comme la « question principale », étant : « que peuvent connaître, et jusqu'où peuvent connaître, l'entendement et la raison, indépendamment de toute expérience ? » ; quant au versant « subjectif » de la déduction, il « cherche à considérer l'entendement pur lui-même quant à sa possibilité et quant aux facultés de connaître sur lesquelles il repose lui-même », Kant jugeant que cette « discussion » sur la « possibilité » du pouvoir de penser, quoique « de grande importance vis-à-vis de [son] objectif principal », « n'en relève pourtant pas de façon essentielle »[1]. Comment donc apprécier ce jugement de Kant ? A la vérité, Kant reconnaît que les déductions objective et subjective sont intimement liées puisqu'il les nomme *Seiten* (« versants » – E. Martineau traduit par « faces »[2] –) d'une même réflexion : la recherche sur les « premiers soubassements de la possibilité de notre connaissance en général »[3] vise à « déterminer [...] nos concepts d'un objet en général »[4], c'est-à-dire à « montrer comment l'entendement doit fonctionner pour qu'il y ait expérience, pour pouvoir poser des objets », ce

[1] Kant, *CRP*, AK. IV, 11-12, *o.c.*, p. 67-68.
[2] E. Martineau, *in* Heidegger, *Interprétation phénoménologique de la « Critique de la raison pure » de Kant*, trad. E. Martineau, Gallimard, Paris, 1982, p. 294.
[3] Kant, *CRP*, AK. IV, 76, *o.c.*, p. 179.
[4] *Ibid.*, AK. IV, 82, *o.c.*, p. 184.

qui nous situe déjà, comme le souligne J. Rivelaygue, « au niveau de la déduction objective, puisque l'objectivité est déjà définie, comme consistant à ramener tous les phénomènes aux structures définies par l'objet transcendantal = X »[5]. Toutefois, la visée de Kant est, dans l'Analytique transcendantale, « épistémologique » (au sens d'une philosophie de (l'objet de) la connaissance), son propos étant « principalement » de mettre au jour le fondement de l'idéalisme transcendantal (en tant que lié à un réalisme empirique) ; par « transcendantal », nous entendons ici et dans la suite de ce travail, conformément à la définition kantienne, ce qui a trait à « la possibilité de la connaissance ou à son usage *a priori* »[6].

Cela dit, pourquoi cette tâche « subjective » n'est-elle pas reconnue par Kant comme « essentielle », y compris vis-à-vis de l'objectif de l'Analytique transcendantale ? Faut-il considérer, comme Heidegger, que Kant a « [méconnu] [...] par là [...] que précisément l'exécution radicale de la face subjective de la tâche de la « Déduction » règle du même coup la tâche objective »[7] ?

Le chapitre sur le schématisme des concepts purs de l'entendement, qui porte sur la question de la « possibilité » du pouvoir de penser (et donc de connaître), peut être considéré comme l'« exécution radicale » de la déduction subjective. Il vise à « éclaircir la structure intime [de la « relation réciproque » entre les catégories et le temps] qui forme l'articulation fondamentale de la transcendance »[8]. Ainsi, la déduction subjective, telle qu'elle s'opère dans le chapitre sur le schématisme de l'entendement pur, est bien « essentielle » au propos d'une déduction « objective » qui est de mettre au jour le fondement de la possibilité de l'expérience[9], c'est-à-dire le

---

[5] J. Rivelaygue, *Leçons de métaphysique allemande* II, *o.c.*, p. 117.

[6] Kant, *CRP*, AK. III, 78/IV, 51, *o.c.*, p. 147.

[7] Heidegger, *Interprétation phénoménologique de la « Critique de la raison pure » de Kant*, *o.c.*, p. 294.

[8] Heidegger, *Kant et le problème de la métaphysique*, *o.c.*, p. 161.

[9] Kant, *CRP*, AK. IV, 87 sq./III, 107 sq., *o.c.*, p. 189 sq. et p. 197 sq.

fondement de la « nécessité essentielle de [...] [la] relation entre les notions et le temps »[10].

Reconnaissons, toutefois, que la réflexion sur la « possibilité » du « pouvoir de penser », en tant qu'elle porte sur la possibilité même de l'architectonique, dépasse le cadre strict d'une Analytique des principes (au sens de la première *Critique*). Elle porte ainsi sur la possibilité d'un « schématisme » de l'Idée architectonique, notion qui apparaît dans le chapitre III de la Théorie transcendantale de la méthode de la première *Critique*. C'est d'ailleurs depuis ce « point le plus haut de la philosophie spéculative »[11] que s'éclaire le jugement de Kant, formulé dans la préface déjà citée de la première édition, selon lequel la question de la possibilité du pouvoir de penser ne « renferme » pas, contrairement à ce qu'il « semble », « quelque chose qui ressemble à une hypothèse », comme si l'on pouvait en la matière « [s'autoriser] à émettre une opinion »[12]. La réflexion sur la fondation de l'architectonique doit produire une « certitude » « scientifique » (au sens de la métaphysique comme « science ») : « là où tout est nécessaire, tout doit être connu *a priori*, le principe de la liaison requiert l'universalité et la nécessité, par conséquent une complète certitude »[13]. Dès lors, la réflexion transcendantale sur le pouvoir de penser ne peut s'autoriser la moindre « opinion », laquelle, rappelons-le, est définie par Kant comme une « créance consciente d'être insuffisante subjectivement tout autant qu'objectivement »[14]. La réflexion transcendantale sur l'architectonique en son concept « cosmique »[15] dépasse donc de beaucoup le cadre de cette connaissance rationnelle par concepts qu'est la déduction transcendantale (objective) des concepts purs de l'entendement.

---

[10] Heidegger, *Kant et le problème de la métaphysique*, *o.c.*, p. 161.

[11] Kant, *Opus postumum*, AK. XXI, 31, trad. F. Marty, PUF, Paris, 1986, p. 218.

[12] Kant, *CRP*, AK. IV, 12, *o.c.*, p. 68.

[13] *Ibid.*, AK. III, 533, *o.c.*, p. 668-669.

[14] *Ibid.*, *o.c.*, p. 668.

[15] *Ibid.*, AK. III, 543, *o.c.*, p. 678 ; cf. également Kant, *Logique*, AK. IX, 24-25, trad. L. Guillermit, Vrin, Paris, 1982, p. 25 (cf. F. Marty, *L'homme, habitant du monde*, Editions Champion, Paris, 2004, p. 161-163).

Reste que le problème de la « possibilité » du pouvoir de penser est bien *essentielle* au projet *principal* du kantisme, qui est d'instaurer la « métaphysique scientifique », celle-là même que nous proposons d'interpréter comme fondation « transcendantale » de l'« anthropologie » critique (« anthropologie transcendantale » à concevoir comme Idée d'une existence « proprement humaine »).

L'architectonique critique pourrait être pensée, en tant que système des pouvoirs de l'esprit (« pouvoir de connaître », « sentiment de plaisir et de déplaisir », « pouvoir de désirer »[16]), comme fondation « transcendantale » de tout étant (phénoménal) et, plus radicalement, de l'existence même de l'homme. Pour la première fois (au sens où la « philosophie », du moins jusqu'à la Critique, n'a encore jamais « existé », c'est-à-dire n'a été « nulle part donnée *in concreto* »[17]) se dévoilerait la fondation de l'« homme » comme appel à exister conformément à l'Idée architectonique des pouvoirs de l'esprit et de la « fin suprême »[18] de l'« humanité ». Nous nous proposons de penser l'« existence » de l'homme (avec « la connotation d'origine introduite par *ex* », comme l'écrit E. Gilson[19]) dans la perspective du problème de l'origine de l'architectonique.

Qu'est-ce donc que l'architectonique et comment penser son instauration ?

*

Soulignons, tout d'abord, que l'Idée de l'architectonique « a besoin, pour être mise en œuvre, d'un *schème* » : c'est ce que soutient Kant dans le chapitre sur l'Architectonique de la raison pure[20].

Or, si l'architectonique peut être définie « toute entière » comme « incessant va et vient », « d'abord sur la limite où se croisent sensible et intelligible au niveau théorique, puis, au

---

[16] Kant, *CJ*, AK. XX, 246, *o.c.*, p. 136.

[17] Kant, *CRP*, AK. III, 542, *o.c.*, p. 677.

[18] *Ibid.*, AK. III, 543, *o.c.*, p. 678.

[19] E. Gilson, *L'être et l'essence*, Vrin, Paris, 1981, p. 345.

[20] Kant, *CRP*, AK. III, 539, *o.c.*, p.674.

niveau pratique, de l'intelligible qu'habite la liberté, au sensible, où l'action manifeste sa réalité »[21], si la pensée, en sa temporalisation, met en œuvre le passage entre l'intelligible et le sensible, comment concevoir les différentes expérimentations des passages à l'intérieur de chacun des pouvoirs de l'esprit, qu'il s'agisse, dans le domaine théorique, du passage de l'entendement à l'intuition, du « schématisme » de la raison au schématisme de l'entendement pur, du « schématisme » architectonique à l'« être » même qui est l'objet de la pensée rationnelle, ou, dans le domaine pratique, du passage de la raison (la « liberté » comme « fait de la raison »[22]) à la phénoménalité des actions, ou encore, dans la perspective réfléchissante de l'unité du système, du passage entre la nature et la liberté ? ; que l'on songe encore, concernant la faculté de juger esthétique, aux passages entre l'imagination et l'entendement (jugement de goût) et entre l'imagination et la raison (sentiment du sublime), ou, concernant la faculté de juger téléologique, au passage du principe du mécanisme au principe de la finalité. Cette activité « schématisante » de l'architectonique ne se transforme-t-elle pas en fonction des « lieux » (topique transcendantale[23]) d'où se donne son objet ? Comment penser l'architectonique du « temps » (c'est-à-dire de la finitude) dans le kantisme ?

Ainsi, comment penser le rapport entre le « schématisme » architectonique et le schématisme de l'entendement pur, mais aussi le « schématisme » de l'« analogie » et les formes architectoniques du « symbolisme » ? En outre, comment penser le rapport entre le « schématisme » de la métaphysique critique et cette autre manifestation architectonique du « schématisme » qu'est le « schématisme » esthétique (« sans concepts »)[24] ?

Par ailleurs, si la question du « schème » pose dans le kantisme le problème du « temps », qu'en est-il de la

[21] F. Marty, *La naissance de la métaphysique chez Kant*, Beauchesne, Paris, 1980, p. 518.
[22] Kant, *CRPr*, AK. V, 31, *o.c.*, p. 127.
[23] Kant, *CRP*, AK. III, 219/IV, 174, *o.c.*, p. 314.
[24] Kant, *CJ*, AK. V, 287, *o.c.*, p. 271.

temporalisation (-spatialisation, cf. *infra* II) de la pensée (en sa « liberté », cf. *infra* III) ? Problème qui requiert, nous le montrerons, une réflexion sur l'instauration de l'Idée architectonique. Si le surgissement de cette Idée ne peut se comprendre que comme acte de « liberté » (cf. *infra* III), comment concevoir cette « liberté » et son rapport aux diverses formes de « liberté » pensées dans l'architectonique (« liberté transcendantale », « liberté pratique », « liberté » dans le jeu des facultés esthétiques, usage « public » de la raison) ?

Nous montrerons, tout d'abord (dans le chapitre II), comment la pensée architectonique est « mise en œuvre », c'est-à-dire comment elle « schématise »[25], comment ses contenus accèdent à la représentation dans le sens interne (cette démarche pouvant être qualifiée de « phénoménologique » en tant qu'elle examine la fondation transcendantale et la temporalisation (c'est-à-dire l'entrée-en-apparition dans le temps) du penser), comment les temporalisations du penser se transforment en fonction de cela même qui est à penser : ainsi se constituera une architectonique critique du « temps » (de la pensée et de ses objets). Puis (dans le chapitre III), nous interpréterons la pensée architectonique comme l'événement-avènement d'une « liberté », « liberté » que nous chercherons à définir en la situant dans l'architectonique des « libertés » que propose la Critique et en la mettant en rapport avec l'instauration de l'Idée architectonique, à savoir le problème de son origine et de son devenir (sa « mise en œuvre » « schématisante »[26]). D'où notre réflexion sur le rapport de cette « liberté » du penser au problème du « schématisme » dans l'architectonique, c'est-à-dire au problème du « temps ». Peut-on concevoir le « temps » de la pensée comme le « temps » d'une « liberté » ? Et, de là, une cooriginarité du « temps » et de la « liberté » (du « sujet » pensant) ? Nous pourrons alors développer notre interprétation de l'« éthique » architectonique (ou « anthropologie transcendantale ») de Kant, interprétation qui s'ouvre à certaines interrogations

[25] Kant, *CRP*, AK. III, 539, *o.c.*, p. 674.
[26] *Ibid.*

issues de la recherche phénoménologique, notamment dans les pensées de Heidegger, Maldiney et Richir, et qui constituera notre projet anthropologique (recherches sur la notion de « sujet », ouverture à la « phénoménologie », perspectives « éthiques »).

L'enjeu de notre recherche est de montrer que le mouvement « architectonique » de « constitution » (dans le sens de ce que Kant nomme l'« épigenèse » réflexive) transcendantale du système des pouvoirs de l'esprit peut s'interpréter comme le mouvement même de la « fondation » (« auto-fondation ») transcendantale de l'« existence » humaine. Mais qu'est-ce qu'« exister » ? Si l'« existence » est « position » (au sens kantien[27]), doit-elle se concevoir comme « *auto*-position » (« position » de l'*autos*) ? Comment donc penser la « subjectivité » (le « Soi ») de l'« homme »[28] ? Et si la temporalisation de l'esprit dans l'acte transcendantal de penser (cf. *infra* II) manifeste, en vérité, comme nous le montrerons, la relation intrinsèque de la « liberté » au « temps », relation constitutive du transcendantalisme criticiste (cf. *infra* III), comment concevoir une existence (temporelle) « libre », c'est-à-dire une « durée », à penser comme « historicité », de la « liberté » ? D'où la possibilité de distinguer l'existence conforme à l'exigence « éthique » de la pensée et ces autres formes d'existence qui ont toutes pour caractéristique de ne pas (ou de ne plus) se fonder « architectoniquement » (au sens, qu'il conviendra de préciser, de l'« *auto*-institution » de la métaphysique criticiste) – nous voulons parler ici des « troubles » existentiels, depuis ceux qui témoignent d'un « défaut » de la temporalisation architectonique (transgression de l'interdit criticiste) jusqu'aux formes de la « perturbation de l'esprit »[29] dans lesquelles nous reconnaîtrions, par hypothèse, autant de

---

[27] Kant, *L'unique fondement possible d'une démonstration de l'existence de Dieu*, AK. II, 73, trad. P. Festugière, Vrin, Paris, 1972, p. 81.

[28] Cf. notre ouvrage *Kant et la fondation architectonique de l'existence*, *o.c.*, p. 10-11, p. 52, p. 69 sq.

[29] Kant, *Anthropologie du point de vue pragmatique*, AK. VII, 216, trad. M. Foucault, Vrin, Paris, 2009, p. 164.

déconstitutions du temps architectonique (s'il est vrai, comme le soutient Husserl, qu'« il faut que l'anomalie se constitue d'abord elle-même comme telle, et [qu']elle ne le peut que sur la base de la normalité [ce que nous appellerions ici la transcendantalité au sens du criticisme] qui, en soi, la précède »[30] –. Mais quelle « certitude » avons-nous de la « vérité » de l'« éthique » criticiste ? Cela conduit à la question de savoir comment (et que) penser (de) l'idée criticiste de « vérité » de (et pour) la pensée philosophique.

---

[30] Husserl, *Méditations cartésiennes*, trad. G. Peiffer et E. Lévinas, Vrin, Paris, 1953, p. 106.

CHAPITRE II

Schématisme et architectonique

« [L']architectonique [de la raison pure], écrit Kant, [...] appartient [...], nécessairement, à la méthodologie »[1]. Comment donc concevoir cette « méthode » de la pensée critique ?

L'Idée architectonique est définie comme « le concept rationnel de la forme d'un tout, en tant que, à travers ce concept, la sphère du divers aussi bien que la position des parties les unes par rapport aux autres sont déterminées *a priori* »[2]. Si donc « la raison pure est une sphère tellement à part [...] qu'on ne peut rien faire sans avoir d'abord déterminé la place de chacune [des parties de cette sphère] »[3] et si l'architectonique (de la raison pure) a pour fonction de déterminer *a priori* cette « topique transcendantale »[4], force est alors de reconnaître que l'architectonique est bien une « méthode », soit ce qui « obéit [...] à des principes déterminés »[5], étant « constituée selon des règles réfléchies » qui fondent la « connaissance systématique »[6]. Kant conçoit la « méthode » architectonique comme participant d'une *Vorzeichnung* : « [Il] me suffit, écrit-il, de jeter un regard rétrospectif sur ce tableau universel des éléments de la connaissance et sur les pouvoirs de l'esprit qui s'y rapportent [[...] *nach jener allgemeinen Vorzeichnung der Elemente der Erkenntnis und der dazu gehörigen Gemütskräfte*], pour obtenir des éclaircissements auxquels je ne m'attendais pas »[7]. Ainsi,

---

[1] Kant, *CRP*, AK. III, 538, *o.c.*, p. 674.

[2] *Ibid.*

[3] Kant, *Prolégomènes à toute métaphysique future qui pourra se présenter comme science*, AK. IV, 263, trad. J. Gibelin, Vrin, Paris, 1974, p. 17.

[4] Kant, *CRP*, AK. III, 219/IV, 174, *o.c.*, p. 314.

[5] Kant, *CJ*, AK. V, 319, *o.c.*, p. 305.

[6] Kant, *Logique*, AK. IX, 140, *o.c.*, p. 149.

[7] Kant, « A Reinhold, 28 décembre 1787 », AK. X 2, 514, trad. J. Rivelaygue, *in* Kant, *Correspondance*, Gallimard, Paris, 1991, p. 308.

c'est à cette « méthode » que Kant doit, selon son propre aveu, sa troisième *Critique*[8], soit la découverte du principe *a priori* du sentiment de plaisir et de peine (le principe de finalité).

Comment penser la « détermination *a priori* » constitutive du « savoir » (ou « science ») métaphysique ? Elle s'inscrit dans une perspective téléologique, qui doit se concevoir dans l'esprit de la pensée des « maximes de la raison » en son usage « régulateur »[9]. Il s'agit, plus précisément, d'« orienter »[10] la pensée « à partir du principe de la fin [suprême de la raison] »[11], soit l'Idée morale de la « destination complète de l'être humain »[12] (la philosophie est ainsi saisie en son concept « cosmique », à savoir celui qui « concerne ce qui intéresse nécessairement chacun »[13]).

L'apriorité de cette détermination doit être pensée dans la perspective du système de l'« épigenèse » de la raison pure, c'est-à-dire dans le sens d'un « désenveloppement »[14] nécessaire *et* « produit »[15] « spontanément »[16] de la pensée. Quand il s'agit de « produire » (*a priori*) une pensée (ce pouvoir épigénétique étant comme « *virtualiter* préformé »[17] en l'homme, c'est-à-dire s'exerçant – comme pouvoir d'« [acquérir originellement] » (soit *a priori*) ses propres représentations – conformément à sa « constitution subjective », seule innée[18]), quand il s'agit de

---

[8] Cf. F. Pierobon, « L'architectonique kantienne existe-t-elle comme méthode ? (Quelques remarques sur les travaux récemment parus de Pascal Gaudet) », *Kairos* n° 22, Presses Universitaires du Mirail, Toulouse, 2003, p. 317 (cf. Kant, « A Reinhold, 28 décembre 1787 », AK. X 2, 514-515).

[9] Kant, *CRP*, AK. III, 440, *o.c.*, p. 573.

[10] *Ibid.*, AK. III, 428, *o.c.*, p. 561 : « [...] usage régulateur qui est [...] d'orienter [...] vers un certain but ».

[11] *Ibid.*, AK. III, 539, *o.c.*, p. 674.

[12] *Ibid.*, AK. III, 543, *o.c.*, p. 679.

[13] *Ibid.*, AK. III, 543, *o.c.*, p. 678.

[14] *Ibid.*, AK. III, 540, *o.c.*, p. 676.

[15] Kant, *CJ*, AK. V, 423, *o.c.*, p. 420.

[16] Kant, *CRP*, AK. III, 128, *o.c.*, p. 219.

[17] Kant, *CJ*, AK. V, 423, *o.c.*, p. 420.

[18] Kant, *Réponse à Eberhard*, AK. VIII, 221-223, trad. R. Kempf, Vrin, Paris, 1973, p. 71-73.

« penser », disons-nous, la question décisive est celle de l'« orientation ».

La philosophie, en effet, ne peut « trouver, ni dans le ciel ni sur la terre, quelque chose à quoi se rattacher ou sur quoi s'appuyer. Elle doit manifester ici sa pureté en se faisant la garante de ses propres lois, et non pas le héraut de celles que lui inspire un sens inné ou je ne sais quelle nature tutélaire »[19]. Mais quel est donc l'« orient »[20] que doit chercher la pensée ? Si la pensée ne peut « se [rapporter] », dans son nécessaire effort d'orientation, qu'« à elle-même »[21], cela signifie, comme le précise Kant dans l'opuscule de 1786 intitulé *Qu'est-ce que s'orienter dans la pensée ?,* qu'elle doit « chercher la pierre de touche de la vérité en soi »[22]. A ce propos, l'écrit de 1786 établit que « étant donnée l'insuffisance des principes objectifs de la raison », la pensée ne peut « se déterminer à l'assentiment (*im Fürwahrhalten*) » que « d'après un principe subjectif de celle-ci », soit « le sentiment du besoin inhérent à la raison » (il s'agit ici du besoin de faire « [incursion] [...] dans le champ des objets supra-sensibles »), « sentiment » qui, dans l'instauration critique de la métaphysique scientifique, oriente la pensée vers la « foi rationnelle (*Vernunftglaube*) » (« est « croyance » l'assentiment (*Fürwahrhalten*) subjectivement satisfaisant, mais objectivement lié à la conscience de son insuffisance »)[23]. Ce « sentiment » propre à la « pensée » justifie seul telle « hypothèse » (« par rapport à l'usage théorique ») ou tel « postulat » (« au point de vue pratique »), étant entendu qu'il

---

[19] Kant, *Métaphysique des mœurs* I, *Fondation*, AK. IV, 425, trad. A. Renaut, GF Flammarion, Paris, 1994, p. 103-104.

[20] Cf. F. Proust, *in* Kant, *Vers la paix perpétuelle, Que signifie s'orienter dans la pensée ?, Qu'est-ce que les Lumières ?*, Introduction, GF Flammarion, Paris, 1991, p. 9.

[21] *Ibid.*

[22] Kant, *Qu'est-ce que s'orienter dans la pensée ?*, AK. VIII, 146, trad. A. Philonenko, *o.c.*, p. 88.

[23] *Ibid.*, AK. VIII, 136, 142, 140, 141, *o.c.*, p. 78, 84, 83.

doit, en tant que « sentiment » (réflexif) transcendantal, se conformer à la « maxime de toujours penser par soi-même »[24].

« Se servir de sa propre raison, précise alors Kant, ne signifie rien de plus que poser cette question au sujet de tout ce que l'on doit admettre : est-il possible de prendre pour un principe universel de l'usage de la raison celui en vertu duquel on admet quelque chose ou bien encore la règle qui dérive de ce que l'on admet [?] »[25]. On peut reconnaître dans cette visée de l'universel une préfiguration de la deuxième maxime du sens commun telle qu'elle apparaît dans la troisième *Critique* : « Penser en se mettant à la place de tout autre » (« réfléchir sur son propre jugement à partir d'un point de vue universel (qu'il [l'homme] ne peut déterminer que dans la mesure où il se place du point de vue d'autrui) »)[26]. L'écrit de 1786 se souvient des *Rêves d'un visionnaire*, ouvrage paru en 1766, et de sa référence à « l'entendement humain universel »[27], mais il est surtout tourné vers la troisième *Critique* (dont Kant, l'année suivante, annoncera la parution prochaine[28]), *Critique* qui découvre la faculté de juger « réfléchissante » et qui produit, au cœur d'une théorie de la « réflexion » (esthétique), l'Idée transcendantale du sens commun[29].

Par ailleurs, le « sentiment » conçu en 1786 comme principe subjectif d'orientation de la pensée préfigure le « sentiment de l'unité dans la présentation » qui, dans la troisième *Critique*, sera identifié comme seul « critère d'évaluation » de la « manière (*modus aestheticus*) »[30] de « penser » (« Toute connaissance, écrit Kant, et un tout de connaissance doit être conforme à une règle (l'absence de règle ne fait qu'un avec l'absence de rationalité) – Mais cette règle est

---

[24] *Ibid.*, AK. VIII, 141 et 146, *o.c.*, p. 83-84 et p. 88.

[25] *Ibid.*, AK. VIII, 146, *o.c.*, p. 88.

[26] Kant, *CJ*, AK. V, 294-295, *o.c.*, p. 279-280.

[27] Kant, *Rêves d'un visionnaire*, AK. II, 334, trad. F. Courtès, Vrin, Paris, 1989, p. 68.

[28] Kant, « A Reinhold, 28 décembre 1787 », AK. X 2, 514-515.

[29] Kant, *CJ*, AK. V, 295, *o.c.*, p. 280.

[30] *Ibid.*, AK. V, 318-319, *o.c.*, p. 305.

soit celle de la *manière* (libre) soit celle de la *méthode* (contrainte) »[31]).

Si donc l'Idée architectonique (au sens de la première *Critique*) « détermine » *a priori* le cadre et la téléologie propres à la recherche « métaphysique », c'est en fonction d'un « sentiment » qui pourrait être problématisé dans la perspective réfléchissante de la troisième *Critique*. Est-ce à dire que la « méthode » architectonique est indissociable d'un principe subjectif d'orientation, d'un « sentiment » qui peut être reconnu, du moins dans les limites strictes de la troisième *Critique*, comme « réfléchissant » ? Il n'y aurait pas alors opposition entre deux modes de penser, l'un qui serait une « méthode (*modus logicus*) », l'autre une « manière (*modus aestheticus*) »[32], mais l'architectonique *en tant que « méthode »* serait pensable, à la lumière de la troisième *Critique*, comme articulation de « principes déterminés »[33] et d'un « sentiment » proprement spirituel, dont Kant découvrira, dans son Analytique de la « réflexion » esthétique, qu'il doit se concevoir comme Idée transcendantale (réfléchissante) d'un « sens commun » (« le mot « sens » [...] [désignant] un effet de la simple réflexion sur l'esprit »)[34].

En toute hypothèse, il faut avoir présent à l'esprit ce fait architectonique que le sentiment réflexif transcendantal à l'œuvre dans la première *Critique* et le sentiment réflexif au sens de la réflexion esthétique de la troisième *Critique* ne sont pas et ne peuvent pas être coextensifs, dans la mesure où (nous le montrerons architectoniquement dans la suite de ce chapitre) le pouvoir « réfléchissant » de la faculté de juger ne peut être découvert qu'à hauteur d'une Critique du « sentiment de plaisir et de peine », c'est-à-dire une fois la faculté de juger libérée de la fonction strictement théorique de l'Idée architectonique : dans la première *Critique*, seul est effectif le pouvoir « déterminant » de

[31] Kant, *Logique*, AK. IX, 140, *o.c.*, p. 149.
[32] Kant, *CJ*, AK. V, 318, *o.c.*, p. 305.
[33] *Ibid.*, AK. V, 319, *o.c.*, p. 305.
[34] *Ibid.*, AK. V, 295, *o.c.*, p. 280.

la faculté de juger[35]. Si donc le pouvoir « déterminant » de l'architectonique à hauteur de la première *Critique* (cf. *supra* ce II) n'est pas (ne peut pas être architectoniquement, cf. *infra* ce II) fondé dans un usage « réfléchissant » de la faculté de juger, comment pourrait-il être légitime de reconnaître en lui une effectivité secrète, sous-jacente, du « réfléchissant » ? Kant d'ailleurs exclut qu'un pouvoir « réfléchissant » soit à l'œuvre dans l'Analytique transcendantale (« Si l'universel (la règle, le principe, la loi) est donné, écrit-il, la faculté de juger qui subsume sous lui le particulier est déterminante (*même quand, comme faculté de juger transcendantale, elle indique a priori les conditions conformément auxquelles seulement il peut y avoir subsomption sous cet universel* [nous soulignons]) »[36]).

Cela, toutefois, n'exclut pas de repenser la totalité de la Critique dans la perspective du « réfléchissant » et de concevoir la faculté de juger « réfléchissante » comme pouvant re-fonder l'effort de pensée dans les domaines théorique et pratique (ainsi que l'interprétation des deux premières Critiques). Mais quel serait donc le sens d'une relecture du système critique tout entier à la lumière du jugement « réfléchissant », relecture que la troisième *Critique*, pour le coup, légitime, comme le montre sa résolution de l'antinomie du jugement téléologique (cf. *infra* ce II) ?

Établir ce que peut signifier du point de vue de la « pensée » et de son nécessaire travail d'auto-fondation une reprise du système critique dans la perspective « réfléchissante » nous conduira notamment à interroger le rapport entre le schématisme transcendantal des concepts purs de l'entendement et la démarche « symbolique », et, dans ce cadre, le rapport entre le schématisme transcendantal de l'entendement pur et le « schématisme » esthétique (« sans concepts »)[37].

---

[35] *Ibid.*, AK. V, 179, *o.c.*, p. 158 : « Si l'universel (la règle, le principe, la loi) est donné, la faculté de juger qui subsume sous lui le particulier est *déterminante* [...] Mais si seul le particulier est donné, pour lequel l'universel doit être trouvé, la faculté de juger est simplement *réfléchissante* ».

[36] *Ibid.*

[37] *Ibid.*, AK. V, 287, *o.c.*, p. 271.

Il s'agit de saisir l'architectonique dans son « désenveloppement »[38] « épigénétique » (cf. *supra* ce II), c'est-à-dire dans sa mise en œuvre « schématisante » (« L'Idée [de l'architectonique de la raison pure] a besoin, pour être mise en œuvre, d'un schème »)[39]. L'enjeu de notre recherche, rappelons-le, est de montrer comment (et à quelle condition) la pensée « schématise », c'est-à-dire (se) « temporalise » dans la mise en œuvre du système critique ; comment donc ce qui, en tant que pouvoir suprasensible, peut (doit) être conçu comme « liberté », soit la « pensée » (cf. *infra* III), se phénoménalise architectoniquement et, de là, comment se pose dans le kantisme le problème du rapport entre la « liberté » et le « temps ».

La compréhension de l'architectonique comme « méthode » (cf. *supra* ce II) requiert que soit recherchée, en tout premier lieu, la condition de possibilité d'une *Vorzeichnung* (cf. *supra* ce II).

*

*   *

L'architectonique de la « raison pure » est pensée par Kant comme « le point le plus haut de la philosophie spéculative (pas encore pratique), de *Specula* – vue depuis une hauteur, sur le sol plat de l'expérience, non en palpant ou en fouillant, mais pour voir au loin »[40]. La référence à la vision, qu'il faut comprendre dans le sens d'une critique de la métaphore du regard comme intuition intellectuelle, s'inscrit dans le cadre de l'usage régulateur des Idées dans l'usage théorique de la raison et des « perspectives » qu'elles « ouvrent » à la raison « quand elle s'applique au champ des expériences »[41]. Mais comment est possible ce pouvoir architectonique de produire des « vues » et en quel sens faut-il entendre ces « vues » ? A la vérité, cette notion de « vue » architectonique nous renvoie directement, comme nous allons le montrer, à la notion d'un « schématisme »

---

[38] Kant, *CRP*, AK. III, 540, *o.c.*, p. 676.

[39] *Ibid.*, AK. III, 539, *o.c.*, p. 674.

[40] Kant, *Opus postumum*, AK. XXI, 31, *o.c.*, p. 218.

[41] Kant, *CRP*, AK. III, 452, *o.c.*, p. 585.

de l'Idée architectonique de la raison pure, Kant soutenant, rappelons-le, que cette Idée « a besoin, pour être mise en œuvre, d'un schème »[42].

Le schème de l'Idée architectonique, en tant que « diversité et […] ordre intrinsèques des parties […] déterminées *a priori* à partir du principe de la fin », est compris comme « [devant] contenir les contours (*monogramma*) et l'articulation du tout en ses membres conformément à l'Idée, c'est-à-dire *a priori* »[43]. Le « schème » architectonique est donc un « monogramme ». Que faut-il entendre par là ?

Dans le chapitre sur le schématisme de l'entendement pur, le « monogramme » est pensé comme un « produit » de « l'imagination pure *a priori* » « à l'aide duquel et d'après lequel seulement les images deviennent possibles, mais de telle manière que celles-ci doivent toujours être attachées au concept uniquement par l'intermédiaire du schème vers lequel elles font signe »[44]. Mais nous sommes ici dans la perspective de la « schématisation » d'un concept, qui plus est « sensible »[45], ce qui ne peut donc correspondre au « monogramme » d'une Idée de la raison pure, mieux, de l'Idée même de l'architectonique de la raison pure. Le « monogramme » comme « schème » de l'Idée architectonique est-il un produit de l'« imagination », alors même qu'il est « forgé » « selon » (« surgit […] à la suite de ») l'Idée rationnelle de l'architectonique, « [fondant] » ainsi l'« unité » systématique de la pensée[46] ?

Dans le chapitre sur l'Idéal de la raison pure, Kant revient sur la relation intrinsèque entre l'« imagination » et le « monogramme » : les monogrammes sont assimilés à des « créations de l'imagination » ; ils « ne sont faits que des traits épars, échappant en tout cas à une quelconque règle que l'on puisse indiquer, formant plutôt, en quelque sorte, un dessin

---

42 *Ibid.*, AK. III, 539, *o.c.*, p. 674.
43 *Ibid.*, AK. III, 539, *o.c.*, p. 674-675.
44 *Ibid.*, AK. III, 136/IV, 101, *o.c.*, p. 226-227.
45 *Ibid.*
46 *Ibid.*, AK. III, 539, *o.c.*, p. 674-675.

flottant au milieu d'expériences diverses qu'une image déterminée, du type de ceux que les peintres et les physionomistes prétendent avoir en tête et qui doivent être comme une silhouette incommunicable de leurs productions ou même de leurs appréciations [...] [Ils] doivent être le modèle inaccessible d'intuitions empiriques possibles »[47]. Se trouverait ainsi confirmée l'idée que le monogramme fonde la possibilité des « images déterminées ». Mais le monogramme est également rigoureusement distingué par Kant du « prototype » (*Urbild*)[48], défini comme « image originale »[49] : ainsi, l'Idéal transcendantal de l'architectonique est pensé comme « *Prototypon Transcendantale* »[50], soit comme « l'image originale (*prototypon*) de toutes les choses qui ensemble [...] tirent de lui [l'Idéal] la matière de leur possibilité »[51]. Alors que le monogramme est pensé comme « échappant [...] à une quelconque règle » (cf. *supra*), le prototype est pensé, quant à lui, comme « image originale », « originaire », qui « renferme en soi toute réalité » et fonde la « détermination intégrale des choses »[52]. Dès lors, le « monogramme » de l'Idée architectonique ne serait-il pas proche architectoniquement du « prototype » (défini comme Idéal transcendantal), ce « monogramme », « forgé selon [...] [l']Idée » de la totalité du système de la raison pure, étant, en effet, défini comme ce qui « [détermine] *a priori* [...] [la] diversité et [...] [l']ordre intrinsèque des parties »[53] ?

L'Idée de l'architectonique « fournit », en tant qu'Idée[54], la « règle », mais elle a « besoin »[55], pour « se représenter » (cf. *infra* ce II) cette « règle » et la mettre en œuvre, d'un

---

[47] *Ibid.*, AK. III, 384-385, *o.c.*, p. 517.
[48] *Ibid.*, AK. III, 384, *o.c.*, p. 517.
[49] *Ibid.*, AK. III, 389, *o.c.*, p. 521.
[50] *Ibid.*, AK. III, 385, *o.c.*, p. 518.
[51] *Ibid.*, AK. III, 389, *o.c.*, p. 521.
[52] *Ibid.*
[53] *Ibid.*, AK. III, 539, *o.c.*, p. 674.
[54] *Ibid.*, AK. III, 384, *o.c.*, p. 517.
[55] *Ibid.*, AK. III, 539, *o.c.*, p. 674.

« schème » défini comme « monogramme ». Ce « schème » a ceci de particulier qu'il s'apparente, en son caractère monogrammatique (affirmé par Kant à deux reprises et à quelques lignes de distance[56]), à cela même qui est présenté comme l'opposé du « monogramme », soit le « prototype » – au « monogramme » qui « ressemble », quoiqu'il ne lui soit pas coextensif architectoniquement, à un « idéal de la sensibilité », c'est-à-dire à une « Idée esthétique »[57], s'oppose le « prototype » rationnel (idéel, idéal) –[58]. Ce monogramme, qui « découvre » l'« horizon » de la pensée, qui offre « une vue originaire » de l'architectonique (pour reprendre des expressions de F. Proust[59]), a donc quelque chose de cette « image originaire », au sens de ce qui sert de « prototype » pour la pensée, soit de l'Idéal transcendantal en tant qu'il s'offre comme « chose singulière » « tout à fait déterminée [...] par l'Idée »[60] (cette « singularité » de l'Idée « *in individuo* »[61] étant, souligne F. Proust[62], ce qui « fait de l'Idéal une [...] image originaire »). Le « schème » de l'Idée architectonique doit toutefois s'entendre comme « contour » (*Umriß*)[63] certes *déterminé* (rationnellement), mais qui n'est en même temps qu'une « esquisse » (en cela, ce « schème » est bien un « monogramme »).

Si donc l'architectonique propose une « vue depuis une hauteur » (cf. *supra* ce II), cette « vue », « [forgée] selon une Idée », ressemble à un « prototype », mais le « contenu »,

---

[56] *Ibid.*, AK. III, 539-540, *o.c.*, p. 675 : « le schème doit contenir les contours (*monogramma*) [...] du tout » ; « [...] tracer architectoniquement les contours d'un tout [*ein Ganzes* [...] *architektonisch zu entwerfen*] ».

[57] Kant, *CJ*, AK. V, 314, *o.c.*, p. 300 : « par une Idée esthétique, j'entends cette représentation de l'imagination qui donne beaucoup à penser, sans que toutefois aucune pensée déterminée, c'est-à-dire aucun concept, ne puisse lui être adéquate ». Le verbe « ressembler » est de F. Pierobon, « L'architectonique et la faculté de juger », *in L'esthétique de Kant*, de Gruyter, Berlin, 1998, p. 17.

[58] Kant, *CRP*, AK. III, 384-385, *o.c.*, p. 517.

[59] F. Proust, *Kant le ton de l'histoire*, Payot, Paris, 1991, p. 54.

[60] Kant, *CRP*, AK. III, 383, *o.c.*, p. 516.

[61] *Ibid.*

[62] F. Proust, *Kant le ton de l'histoire*, *o.c.*, p. 55.

[63] Kant, *CRP*, AK. III, 539, *o.c.*, p. 675.

l'« articulation » et les « limites de la science » ne sont alors « [déterminés] » que dans le « tracé » (*entwerfen*) architectonique des « contours » de la totalité rationnelle[64], la dimension inchoative de ce « schème » étant ainsi soulignée.

Mais comment penser l'articulation de (l'Idée de) la raison et de son « schème », de son « schématisme » et du « schématisme » de l'entendement pur, donc de son « schématisme » et de l'« imagination » ? Par ailleurs, comment est possible le « tracé » de la totalité architectonique, c'est-à-dire unc *Vorzeichnung* ?

*

La notion de schématisme, d'abord liée à la théorie de la « signification » des concepts purs de l'entendement (il est alors question de la « liaison intrinsèque, par l'intermédiaire de la théorie de l'imagination transcendantale, souligne A. Renaut, de la raison théorique à l'intuition »[65]), est ensuite « étendue, comme l'écrit R. Eisler, à l'idée, comme condition de sa réalisation »[66]. Ces deux « schématismes » ne sont pas coextensifs architectoniquement : d'un côté – schématisme de l'entendement pur –, on se situe à hauteur de l'entendement, « schématiser un concept de l'entendement, écrit F. Pierobon, c'est lui associer une image, image dont ce concept est la règle synthétique », de l'autre – « schématisme » de l'Idée –, on se situe à hauteur de la raison, le problème étant alors d'« associer à une Idée le ou les concepts particuliers dont elle est la règle d'unité globale »[67] : « au lieu d'associer au concept de l'entendement une image dans la sensibilité », le « schématisme » de l'Idée « fournit à l'Idée transcendantale de la

---

[64] *Ibid.*, AK. III, 539-540, *o.c.*, p. 674-675.

[65] A. Renaut, *Kant aujourd'hui*, *o.c.*, p. 298.

[66] R. Eisler, *Kant-Lexikon*, trad. A.-D. Balmès et P. Osmo, Gallimard, Paris, 1994, p. 940.

[67] F. Pierobon, « L'architectonique kantienne existe-t-elle comme méthode ? (Quelques remarques sur les travaux récemment parus de Pascal Gaudet) », *o.c.*, p. 312.

raison un concept, c'est-à-dire plus simplement une représentation dans l'entendement, qui lui convient »[68].

L'Esthétique transcendantale a établi que le temps est, comme forme du sens interne, « la condition formelle *a priori* de *tous* [nous soulignons] les phénomènes en général », l'espace, « en tant qu'il constitue la forme pure de toute intuition externe », étant « limité », quant à lui, « comme condition *a priori*, simplement aux phénomènes extérieurs »[69]. Cela se traduit, à hauteur du chapitre sur le schématisme de l'entendement pur, dans la théorie du temps comme « image pure [...] de *tous* [nous soulignons] les objets des sens en général »[70], « image » devant donc fonder la « signification »[71] des concepts, c'est-à-dire leur « représentabilité »[72], au sens où la temporalisation rend possible une « représentation » qui « indique [...] quelles déterminations possède la chose »[73] à laquelle renvoie le concept. Ainsi, les schèmes catégoriaux sont des « déterminations *a priori* du *temps* [nous soulignons] d'après des règles »[74].

Mais la théorie du « schématisme » des concepts purs de l'entendement ne permet pas, à elle seule, de penser comment l'Idée architectonique peut être « [conceptualisée] dans l'entendement »[75]. Cette « conceptualisation » nécessite, en effet, l'œuvre médiatisante d'un « schématisme » spécifique qui doit rendre possible une *Vorzeichnung* (cf. *supra* ce II), ce qui requiert une spatialisation-temporalisation originaire, soit l'homogénéisation de l'Idée et (*des* formes *a priori*) de la sensibilité. Par ailleurs, le fait que l'Idée ne « se [laisse] » pas « immédiatement conceptualiser dans l'entendement », le fait qu'elle ait « besoin » de recourir à un « schème » est aussi,

---

[68] F. Pierobon, « L'architectonique et la faculté de juger », *o.c.*, p. 3.

[69] Kant, *CRP*, AK. III, 60/IV, 38, *o.c.*, p. 128.

[70] *Ibid.*, AK. III, 137/IV, 102, *o.c.*, p. 227.

[71] *Ibid.*, AK. III, 139/IV, 104-105, *o.c.*, p. 230.

[72] A. Renaut, *Kant aujourd'hui*, *o.c.*, p. 301.

[73] Kant, *CRP*, AK. III, 139/IV, 104, *o.c.*, p. 230.

[74] *Ibid.*, AK. III, 138/IV, 103, *o.c.*, p. 229.

[75] F. Pierobon, « L'architectonique et la faculté de juger », *o.c.*, p. 3.

souligne F. Pierobon, ce qui rend possible l'« illusion transcendantale »[76]. Ce « schématisme » de l'Idée, « nécessaire »[77] pour la « mise en œuvre »[78] de l'architectonique, requiert donc l'exercice de la « réflexion transcendantale »[79] seule à même de préserver la pensée de l'illusion transcendantale.

« [Par] cette expression de « schématisme » [de l'Idée architectonique], propose F. Pierobon, l'on perçoit l'intervention d'un système des déterminations transcendantales du temps (celles-ci, on le sait, constituant les schèmes de l'entendement), avec cette réserve qu'il ne s'agit plus seulement, avec le temps, de ce qui sert de « fondement à *toutes* les intuitions » [...], ce qui convenait à l'entendement en tant qu'il est ouvert aux phénomènes, mais du fondement de *toutes* les représentations ; la nuance peut paraître ténue, mais elle permet de dépasser le temps en tant que déterminé comme temporalité, pour remonter à l'idéalité même de la sensibilité, ce qui aménage la possibilité architectonique de représentations proprement spatiales (dans un sens, qui reste schématique, de combinaisons de déterminations transcendantales pures de la sensibilité, construites *a priori* et *in concreto* dans l'intuition), c'est-à-dire, nous semble-t-il, une *Vorzeichnung* »[80]. Cette théorie transcendantale de la sensibilité fonde la possibilité du « schème » architectonique comme « acte de tracer la structure du système »[81], ce qui doit s'entendre dans le sens de « cette étape préalable de construction qui précède, dans l'œuvre picturale classique, la mise en place des couleurs et des volumes »[82]. Ainsi, la *Vorzeichnung* serait à la fois une

---

[76] *Ibid.*

[77] *Ibid.*

[78] Kant, *CRP*, AK. III, 539, *o.c.*, p. 674.

[79] *Ibid.*, AK. III, 215/IV, 169, *o.c.*, p. 310.

[80] F. Pierobon, « L'architectonique et la faculté de juger », *o.c.*, p. 4 (F. Pierobon se réfère à *CRP*, AK. III, 58/IV, 36, *o.c.*, p. 126).

[81] F. Marty, « L'*Opus postumum* kantien, une quatrième Critique ? », *Bulletin de la Société française de Philosophie*, Séance du 23 Avril 1988, A. Colin, Paris, p. 141.

[82] F. Pierobon, « L'architectonique et la faculté de juger », *o.c.*, p. 3.

« représentation de l'imagination [...] transcendantale »[83](le « schème-monogramme ») et de l'Idée architectonique réflexive transcendantale (le « schème-monogramme » participe du « prototype », cf. *supra* ce II). Comment donc penser cette articulation de la « raison » et de l'« imagination transcendantale » ?

*

« La métaphysique, écrit Kant, est comme un pays inconnu sur la possession duquel nous sommes hésitants et nous en avons cherché avec soin les titres et les accès. Il se trouve dans la demi-sphère de la raison pure ; nous en avons tracé le contour [et avons repéré] où cette île de la connaissance est reliée par des ponts au pays de l'expérience, là où une mer profonde l'en sépare. Nous en avons ainsi dessiné le contour et nous connaissons pour ainsi dire sa géographie »[84]. Ainsi, l'Architectonique est une « géographie du pays de la raison »[85] : « Géographique, la Critique l'est tout entière, écrit F. Proust [...] Le critique-géographe est un cartographe : il dresse la carte [...] de la raison, il distingue les couches de sédimentation, les différentes stratifications des matériaux (sensibilité, entendement, raison), leurs éléments et composantes (formes, catégories, Idées), puis leurs combinaisons et leurs relations (synthèses). Il peut ainsi établir une carte : non pas un tableau ordonné et classé des connaissances, acquises à ce jour, de la terre, mais une *carte géographique* qui permette au voyageur, au moment où il s'embarque sur son navire, de s'orienter en pays inconnu »[86]. Le « schématisme » de la « métaphysique » (au sens du criticisme) est temporalisation (il vaut comme « méthode »[87] pour procurer à une Idée son concept, méthode qui temporalise,

---

[83] *Ibid.*, p. 17.

[84] Kant, *Réflexion* n° 4458, AK. XVII, 559, citée par F. Proust, *Kant le ton de l'histoire*, *o.c.*, p. 296-297.

[85] *Ibid.*

[86] F. Proust, *Kant le ton de l'histoire*, *o.c.*, p. 297.

[87] Cf. Kant, *CRP*, AK. III, 135/IV, 100, *o.c.*, p. 226.

c'est-à-dire « s'exerce au moyen du temps »[88] et *dans le temps* ; nous y reviendrons, cf. *infra* ce II) *et* spatialisation (la pensée, en son effectivité épigénétique – la « détermination » est *a priori*, cf. *supra* ce II –, doit s'orienter, ce qui requiert une *Vorzeichnung*, cf. *supra* ce II). Ainsi, la pensée « ouvre des espaces, elle ouvre la condition de l'espace [de « l'espace de la pensée »] »[89]. « L'Idée de système [telle que Kant la conçoit] [...] [c']est en quelque sorte, propose F. Proust, la mappemonde, la *Weltkarte* avec laquelle le voyageur peut se diriger sur toute la sphère du monde. Mais, si l'architecte veut que la carte fasse apparaître le « divers et la position respective des parties », s'il veut que la carte relève chaque point dans sa singularité et sa diversité, alors il doit céder la place au topographe qui, lui, élabore une carte schématique ou [...] monogrammatique du monde »[90].

Le « schème » de l'architectonique est pensé comme « germe originaire » « où toutes les parties sont cachées, encore à l'état fortement enveloppé et d'une manière à peine discernable par l'observation microscopique »[91]. Cela ne peut s'entendre que si l'on prend en considération le sens « monogrammatique » de ce schème, lequel doit être conçu comme une esquisse, un pouvoir de commencer, c'est-à-dire (nous suivons ici F. Proust) comme la « germination d'une origine », le « tracé d'une initialité »[92]. C'est dans cette perspective qu'il sera possible de penser la « liberté » de la métaphysique critique en son instauration et en sa mise en œuvre architectoniques. Nous reviendrons sur le sens de la « liberté » du penser, sa dimension inchoative et son rapport au « temps » (cf. *infra* III).

*

La « vue » que propose l'architectonique (« vue depuis une hauteur », selon les propos de l'*Opus postumum*, cf. *supra* ce II) ne

---

[88] M. Alexandre, *Lecture de Kant*, PUF, Paris, 1978, p. 124.
[89] F. Proust, *Kant le ton de l'histoire*, *o.c.*, p. 130.
[90] *Ibid.*, p. 299-300.
[91] Kant, *CRP*, AK. III, 540-539, *o.c.*, p. 675.
[92] F. Proust, *Kant le ton de l'histoire*, *o.c.*, p. 300.

peut s'entendre ni dans le sens d'une image sensible (le « monogramme » rend possibles les « images »[93] ; quant au « prototype » (l'Idéal transcendantal), il est pensé comme une « image originale », « originaire »[94], cf. *supra* ce II), ni dans le sens d'une vue « conceptuelle », puisque le « monogramme » est en deçà de tout « concept intelligible »[95] et le « prototype » idéel (ou « idéal ») est au-delà de la sphère de l'entendement.

Le « schème » architectonique requiert l'imagination transcendantale comme « pouvoir de la présentation »[96], pouvoir d'« exhibition »[97] du contenu pensé. En tant que « faculté de présentation originaire [...] (*exhibitio originaria*) » des « intuitions pures de l'espace et du temps »[98], l'imagination transcendantale « produit » (« pro-duit »), c'est-à-dire, précise H. Birault, « amène devant le regard ce que Kant appelle *Darstellung*, une présentation »[99] et, plus originairement, ce que Heidegger nomme « la vue de l'espace et du temps comme totalités multiples en elles-mêmes »[100]. Elle « [fait] » ainsi « surgir » (dans le sens où est *originaria* l'*exhibitio*) – « *originarius* [...] signifie *faire surgir* », écrit Heidegger[101] – le « temps », soit cela même qui, « en tant qu'intuition pure », « fournit une *vue* antérieure à toute expérience [« la *vue* pure » comme « pure succession de la suite des *maintenant* »] »[102] et qui rend possible la « représentation » dans le sens interne (la « présentation » est « mode intuitif de représentation »[103]) d'un contenu pensé.

93 Cf. Kant, *CRP*, AK. III, 136, *o.c.*, p. 226.
94 *Ibid.*, AK. III, 389, *o.c.*, p. 521.
95 *Ibid.*, AK. III, 384, *o.c.*, p. 517.
96 Kant, *CJ*, AK. V, 232, *o.c.*, p. 212.
97 *Ibid.*, AK. V, 352, *o.c.*, p. 340.
98 Kant, *Anthropologie du point de vue pragmatique*, AK. VII, 167, *o.c.*, p. 123.
99 H. Birault, *Heidegger et l'expérience de la pensée*, Gallimard, Paris, 1978, p. 58.
100 Heidegger, *Kant et le problème de la métaphysique*, *o.c.*, p. 199.
101 *Ibid.*
102 *Ibid.*, p. 161.
103 Kant, *CJ*, AK. V, 351, *o.c.*, p. 340.

Ainsi, il s'agit pour l'imagination de produire non pas une représentation intuitive qui soit adéquate à l'Idée architectonique (laquelle, en tant qu'Idée de la raison, est, en effet, « un concept auquel aucune intuition (représentation de l'imagination) ne peut être adéquate »[104]), mais la condition même de toute représentabilité d'un contenu.

Le chapitre sur le schématisme de l'entendement pur montre que « le concept est lié intrinsèquement à l'intuition et possède dans le schème la structure d'une réceptivité *a priori* », « la mise en relation » du concept et de l'intuition « [engageant] [...] l'imagination transcendantale – entendue comme cette structure selon laquelle la réceptivité s'inscrit au cœur de la spontanéité »[105]. Ainsi, *mutatis mutandis* (cf. *supra* ce II), le « schématisme » de l'Idée architectonique procurerait à l'Idée la réceptivité (*Empfänglichkeit*) *a priori* dans laquelle peut s'inscrire le contenu de la pensée rationnelle, structure réceptive qui, dans le langage du schématisme de l'entendement pur, s'énonce comme l'« image pure » du temps (et de l'espace)[106], laquelle fonde la production et la succession dans le sens interne ainsi que la représentabilité (la « signification », cf. *supra* ce II) des contenus pensés. La relation de la pensée à la « condition sensible » – qui fonde la *Vorzeichnung* – (cf. *supra* ce II) lui confère une « signification », qui vient de ce que la pensée peut s'inscrire dans la structure sensible transcendantale, celle-là même qui fonde l'objectivité en général et toute réalité objective. Plus précisément, les catégories (« je ne puis rien penser sans catégorie »[107]) se rapportent aux « conditions de la sensibilité » qui leur confèrent, par la médiation donc du « schème » rationnel (cf. *supra* ce II), une « signification » (conformément à ce qu'a établi le chapitre sur le schématisme de l'entendement pur)[108] ; cette théorie de la « signification », appliquée à la pensée du

---

[104] *Ibid.*, AK. V, 314, *o.c.*, p. 300.
[105] A. Renaut, *Kant aujourd'hui*, *o.c.*, p. 237-238.
[106] Kant, *CRP*, AK. III, 137/IV, 102, *o.c.*, p. 227.
[107] Kant, *CRPr*, AK. V, 103, *o.c.*, p. 221.
[108] Kant, *CRP*, AK. III, 139/IV, 104-105 *o.c.*, p. 229-230.

suprasensible, devra être toutefois reprise dans la perspective du « schématisme de l'analogie » (cf. *infra* ce II). Ce qui se dessine alors, dans le « schème » architectonique de la raison pure, c'est la structure même du transcendantalisme critique comme fondation de toute « application »[109] de « notre pouvoir de connaître » aux « domaines » des « concepts de la nature » et du « concept de la liberté »[110] (l'architectonique de la raison pure est pensée, en effet, en son concept « cosmique », qui ressortit à la philosophie morale[111]).

*

* *

Ainsi, la pensée s'inscrit dans un « monogramme » qui rend possible la représentation dans le sens interne. Mais qu'en est-il de la fondation transcendantale de cette « temporalisation » du penser ? Comment penser le passage de la structure transcendantale de l'esprit à la succession des représentations dans le temps ?

« Penser, écrit Kant, inclut un réfléchir qui, lui-même, ne peut se produire que dans le temps »[112]. La « pensée », en son « origine » transcendantale, « [affecterait] », par sa « spontanéité », le « sens interne »[113]. L'affection du « Moi sensible » dans le sens interne serait produite par l'articulation « déterminante » (au sens du schématisme transcendantal de l'entendement) du « Moi intellectuel » et de la « condition de temps » (comme principe de la réceptivité)[114]. Ainsi, les « pensées » sont temporelles, c'est-à-dire « [s'écoulent] » comme « tout ce qui est dans le sens interne »[115] (« les pensées, écrit Kant, en tant que déterminations de fait de la faculté

---

[109] Kant, *CJ*, AK. V, 197, *o.c.*, p. 177.

[110] *Ibid.*, AK. V, 174, *o.c.*, p. 153.

[111] Kant, *CRP*, AK. III, 543, *o.c.*, p. 679.

[112] Kant, *La fin de toutes choses*, AK. VIII, 334, *o.c.*, p. 117.

[113] Kant, *Les progrès de la métaphysique en Allemagne depuis le temps de Leibniz et de Wolf*, AK. XX, 7, 270-271, trad. L. Guillermit, Vrin, Paris, 1973, p. 24.

[114] *Ibid.*

[115] Kant, *CRP*, AK. III, 200, *o.c.*, p. 292.

représentative appartiennent également à la représentation empirique de notre état »[116]). « L'empirique, écrit P. Lachièze-Rey, n'intervient qu'au moment où on considère l'effet de l'activité pensante sur la sensibilité, sa réflexion sur elle, le retentissement produit dans le monde des phénomènes par cette pensée [...] intemporelle quand elle affecte [...] le pouvoir réceptif de l'esprit »[117]. Le « réfléchir » évoqué par Kant dans le passage précité n'est donc autre que la « réceptivité » dans le sens interne de l'acte, « intemporel », du « penser ».

« Si des impressions se produisent sur mon sens interne, cela présuppose, écrit Kant, que je m'affecte moi-même »[118]. Le sujet doit ainsi se concevoir, Kant y revient dans l'*Opus postumum*, comme « affecté et s'affectant lui-même », et ce, en tant que « sujet sensible *et* pensant, expression où il faut, précise F. Marty, donner toute sa force à ce « et » »[119] : « Précisément, écrit alors Kant, la même perception interne (représentation empirique avec conscience), par laquelle le sujet se *sent* affecté, c'est-à-dire que l'objet lui *apparaît*, est en même temps l'appréhension de l'objet [...] de l'intuition et de la composition du divers de la représentation, que le sujet *pense* dans un concept selon un principe, c'est-à-dire représente par l'entendement tandis que le sujet *s'affecte* lui-même »[120]. Cette affection du sens interne (le « sujet passif »[121]) par la spontanéité de l'entendement, Kant la pense comme « auto-affection ». Or, poser le problème de l'auto-affection du sujet, c'est questionner la possibilité d'un « réfléchir » (cf. *supra* Kant), à entendre comme l'« affection matérielle du moi passif par l'activité spirituelle »[122]. C'est donc questionner la possibilité pour la

[116] Kant, *Les progrès de la métaphysique en Allemagne depuis le temps de Leibniz et de Wolf*, AK. XX, 7, 270-271, *o.c.*, p. 24.

[117] P. Lachièze-Rey, *L'idéalisme kantien*, Vrin, Paris, 1950, p. 34-35.

[118] Kant, *Réflexion* n° 6311, AK. XVIII, 610, cité par P. Lachièze-Rey, *L'idéalisme kantien*, *o.c.*, p. 36.

[119] F. Marty, *in* Kant, *Opus postumum*, *o.c.*, p. 379 et p. 316, note 196.

[120] Kant, *Opus postumum*, AK. XXII, 468, *o.c.*, p. 95.

[121] Kant, *CRP*, AK. III, 121, *o.c.*, p. 211.

[122] P. Lachièze-Rey, *L'idéalisme kantien*, *o.c.*, p. 33.

pensée de se temporaliser, accédant ainsi à la conscience empirique d'elle-même, laquelle se constitue comme effet que l'activité transcendantale du penser produit dans le sens interne.

Si le temps, comme « intuition », « peut précéder, écrit Kant, tout acte de penser quelque chose »[123], l'acte de penser, comme pouvoir de synthèse, doit lui-même être conçu comme lié originairement au temps. Comment, en effet, ne pas reconnaître le temps (la « série du temps » comme « production (synthèse) du temps lui-même dans l'appréhension successive d'un objet »[124]) dans l'« acte [transcendantal] de la synthèse du divers par lequel nous déterminons de façon successive le sens interne »[125] ? Et si l'acte de penser se « réfléchit » dans le temps (cf. *supra* ce II), la succession empirique des « modifications de l'esprit » dans le « sens interne »[126] ne serait-elle pas comme le « reflet »[127] d'une « succession » *transcendantale* dans l'acte (*transcendantal*) du penser ? Mais quel sens y aurait-il à penser une « succession » *du* « temps », lequel, comme forme *transcendantale* de la sensibilité, doit être conçu comme « immuable et stable » : « Le temps ne s'écoule pas, mais en lui s'écoule l'existence de ce qui est soumis au changement »[128] ?

La structure transcendantale de la pensée se temporalise dès que s'exerce le pouvoir de synthèse (« [la] synthèse, comme le montre la théorie du schématisme, s'effectuant à travers le temps, il est inévitable, écrit A. Renaut, que l'acte du sujet transcendantal [...] passe par le temps »[129]). Ainsi, « le Moi sensible est déterminé par le Moi intellectuel à la réception de [...] [« la condition de temps »] dans la conscience »[130]. Le temps est défini comme « la manière dont l'esprit est affecté par sa

---

[123] Kant, *CRP*, AK. III, 70, *o.c.*, p. 138.

[124] *Ibid.*, AK. III, 138/IV, 103, *o.c.*, p. 229-228.

[125] *Ibid.*, AK. III, 121, *o.c.*, p. 211.

[126] *Ibid.*, AK. IV, 77, *o.c.*, p. 179.

[127] A. Renaut, *Kant aujourd'hui*, *o.c.*, p. 214.

[128] Kant, *CRP*, AK. III, 137/IV, 102, *o.c.*, p. 228.

[129] A. Renaut, *Kant aujourd'hui*, *o.c.*, p. 214.

[130] Kant, *Les progrès de la métaphysique en Allemagne depuis le temps de Leibniz et de Wolf*, AK. XX, 7, 270-271, *o.c.*, p. 24.

propre activité »[131] ; il est le « sens » « par l'intermédiaire duquel l'esprit s'intuitionne lui-même »[132]. Le Moi intellectuel se saisit alors « tel qu'il s'apparaît phénoménalement, et non pas tel qu'il est »[133]. « Voudrais-je me connaître moi-même tel que je suis dans l'absolu ?, écrit R. Daval. C'est impossible puisque la spontanéité ne se saisit que dans ses produits »[134].

Ainsi, le temps a « son siège dans le sujet »[135] ; comme l'écrit Kant, « en dehors du sujet, il n'est rien »[136]. Il peut donc être pensé, en tant que forme transcendantale de la réceptivité de l'esprit, comme participant de la structure transcendantale théorique de l'esprit. Il est ouverture transcendantale (fondationnelle) au temporel. D'où l'hypothèse d'une cooriginarité transcendantale, dans le schématisme de l'entendement pur (comme fondation de l'auto-affection du sujet), du « temps » et du penser (le « schématisme » de la raison devant s'articuler à cette fonction schématisante catégoriale, cf. *supra* ce II).

Mais que signifie le schématisme transcendantal de l'entendement pur, soit la relation intrinsèque du Concept transcendantal (entendons par là les concepts purs et les principes de l'entendement, ainsi que les Idées de la raison, notamment l'Idée de l'architectonique) au temps comme forme transcendantale de la sensibilité ? Que signifie donc cette relation intrinsèque au temps immanente à la transcendantalité de l'esprit, le transcendantal, ainsi conçu, rendant possible le temporel ? Comment ne pas reconnaître dans ce temps du transcendantal et dans le type d'auto-affection du sujet que fonde cette transcendantalité (du temps) – cf. *supra* – l'essence même de la finitude théorique de l'esprit ? Ainsi, à supposer que le penser

---

131 Kant, *CRP*, AK. III, 70, *o.c.*, p. 138.
132 *Ibid.*, AK. III, 52/IV, 31, *o.c.*, p. 119.
133 *Ibid.*, AK. III, 71, *o.c.*, p. 139.
134 R. Daval, *La métaphysique de Kant*, PUF, Paris, 1950, p. 290.
135 F.-X. Chenet, *L'assise de l'ontologie critique : l'Esthétique transcendantale*, Presses Universitaires de Lille, Lille, 1994, note 97, p. 267.
136 Kant, *CRP*, AK. III, 61/IV, 38, *o.c.*, p. 129.

puisse être interprété comme « liberté » transcendantale de l'esprit (cf. *infra* III), cela ne signifierait-il pas que, dans le domaine théorique de la philosophie (ici examiné), le « temps » et la « liberté » du penser sont cooriginaires ? Nous y reviendrons.

*

*   *

Il nous est désormais possible de préciser notre problème.

La « signification » d'un concept n'est autre que sa « réalité objective »[137], « réalité » que lui confère l'effectivité médiatisante du « schème », lequel consiste en « déterminations transcendantales du temps »[138] qui « incarnent ou réalisent, écrit G. Deleuze, des relations proprement conceptuelles »[139]. Ces déterminations transcendantales du temps, qu'il faut reconnaître à l'œuvre dans la possibilisation transcendantale des objets de l'expérience, sont les déterminations mêmes qui fondent le « dessin temporel » dans lequel s'inscrit la représentation du contenu conceptuel, c'est-à-dire qui rendent possible la « mise en mouvement de l'abstrait [le concept] » dans « une série de phases temporelles » (cf. M. Alexandre)[140]. « Le concept de chien, écrit Kant, signifie une règle d'après laquelle mon imagination peut tracer dans sa dimension de généralité la figure d'un quadrupède, sans être limitée à quelque figure particulière que m'offre l'expérience ou encore à quelque image possible que je puisse présenter *in concreto* »[141]. Ainsi, le schème opère une « transposition sensible pure » du concept empirique dans le sens interne, « pure », car la « possibilité de l'image se forme [...] dans la représentation de la règle de présentation [...] [La] perception immédiate d'un donné, par exemple de cette maison,

[137] *Ibid.*, AK. III, 118, *o.c.*, p. 208 ; cf. également *Réflexion* 5923, AK. XVIII, 385, citée par J. Benoist, *Kant et les limites de la synthèse*, *o.c.*, p. 25 : « la réalité objective de tous les concepts, c'est-à-dire leur signification [*Bedeutung*] ».

[138] Kant, *CRP*, AK. III, 135/IV, 99, *o.c.*, p. 225.

[139] G. Deleuze, *La philosophie critique de Kant*, PUF, Paris, 1963, p. 29.

[140] M. Alexandre, *Lecture de Kant*, *o.c.*, p. 122.

[141] Kant, *CRP*, AK. III, 136/IV, 101, *o.c.*, p. 226.

contient déjà nécessairement une vue préalable schématisante de la maison en général »[142].

Quant aux schèmes transcendantaux des concepts purs de l'entendement, c'est-à-dire des concepts qui « ne sont pas censés renvoyer à un donné sensible »[143], mais qui « sont à la fois des représentations de l'unité de la conscience et, comme telles, des prédicats de l'objet quelconque »[144], ces schèmes, disons-nous, procurent aux catégories « une intuitivité [*Erblickbarkeit*] essentiellement pure »[145]. C'est donc dans le schème transcendantal que « se « donne » (sans se « présenter ») » la catégorie comme « horizon de donation logiquement structuré des objets en général »[146]. Le schème « [introduit] » ainsi les catégories « dans le temps », « [rendant] *a priori* saisissable et donc réceptible l'affinité transcendantale de l'unité-règle sous l'image [pure, cf. *supra* ce II] du temps »[147].

Par ailleurs, l'idéalisme transcendantal, en instaurant le « principe de la distinction de tous les objets en général en phénomènes et noumènes »[148], ouvre un espace, que Kant désigne, par « analogie » avec le « monde des sens », comme « monde de l'entendement (*mundus […] intelligibilis*) [« noumènes (*intelligibilia*) »] »[149] – l'« analogie » signifiant « une ressemblance parfaite de deux rapports entre des choses tout à fait dissemblables »[150] –. Mais si la pensée transcendantale théorique est « [assurée] […], par la déduction, quant à sa réalité objective au regard des objets en général »[151], Kant soutient que « [je] ne peux […] penser [le noumène] à travers aucune

---

142 Heidegger, *Kant et le problème de la métaphysique*, *o.c.*, p. 159 et p. 158.

143 J. Benoist, *Kant et les limites de la synthèse*, *o.c.*, p. 189.

144 G. Deleuze, *La philosophie critique de Kant*, *o.c.*, p. 26.

145 Heidegger, *Kant et le problème de la métaphysique*, *o.c.*, p. 160.

146 J. Benoist, *Kant et les limites de la synthèse*, *o.c.*, p. 190.

147 Heidegger, *Kant et le problème de la métaphysique*, *o.c.*, p. 163.

148 Kant, *CRP*, AK. III, 202/IV, 154, *o.c.*, p. 294.

149 *Ibid.*, AK. IV, 163, *o.c.*, p. 302.

150 Kant, *Prolégomènes à toute métaphysique future qui pourra se présenter comme science*, AK. IV, 357, *o.c.*, p. 147.

151 Kant, *CRPr*, AK. V, 55, *o.c.*, p. 159.

catégorie ; car la catégorie possède sa validité quand il s'agit de l'intuition empirique, pour la subsumer sous un concept de l'objet en général. Un usage pur de la catégorie est assurément possible, c'est-à-dire non contradictoire, mais il est dépourvu de toute valeur objective, puisqu'elle ne porte alors sur aucune intuition qui, par là, devrait recevoir l'unité d'un objet »[152]. Comment, en effet, « procurer une réalité objective aux purs concepts [...] de raison »[153] ? Comment donner une « signification » aux (c'est-à-dire « schématiser » les) Idées de la raison, qui « [dépassent] [...] toute expérience donnée »[154] et auxquelles « aucune intuition [...] ne peut être adéquate »[155] ? Si donc « je ne peux rien penser sans catégorie »[156] et si « [je] ne peux [...] penser [le noumène] à travers aucune catégorie »[157], n'y a-t-il aucune pensée du suprasensible (« *noumenorum* »[158]) qui soit légitime et qui ait une « signification » ?

*

Une « transposition sensible pure »[159] s'accomplit dans le schématisme de l'entendement pur (cf. *supra* ce II), mais qu'en est-il s'agissant des Idées de la raison ?

Kant soutient, à ce propos, que la représentation de l'Idée transcendantale se fonde dans un « schématisme » de l'« analogie » (cf. *infra* ce II), lequel rend possible la temporalisation du penser (sa représentation dans le sens interne) : il n'est d'autre pensée légitime du suprasensible dans le domaine théorique de la philosophie que la pensée « problématique » des Idées transcendantales de la raison, pensée

---

[152] Kant, *CRP*, AK. IV, 165, *o.c.*, p. 303.
[153] Kant, *Les progrès de la métaphysique en Allemagne depuis le temps de Leibniz et de Wolf*, AK. XX, 7, 279, *o.c.*, p. 35.
[154] Kant, *Prolégomènes à toute métaphysique future qui pourra se présenter comme science*, AK. IV, 327, *o.c.*, p. 107.
[155] Kant, *CJ*, AK. V, 314, *o.c.*, p. 300.
[156] Kant, *CRPr*, AK. V, 103, *o.c.*, p. 221.
[157] Kant, *CRP*, AK. IV, 165, *o.c.*, p. 303.
[158] Kant, *Les progrès de la métaphysique en Allemagne depuis le temps de Leibniz et de Wolf*, AK. XX, 7, 293, *o.c.*, p. 53.
[159] Heidegger, *Kant et le problème de la métaphysique*, *o.c.*, p. 160.

visant à « fonder [...] des principes régulateurs de l'usage systématique de l'entendement dans le champ de l'expérience »[160] ; or, « bien que, écrit Kant, l'on ne puisse découvrir dans l'intuition, pour l'unité systématique intégrale de tous les concepts de l'entendement, aucun schème, un *analogon* d'un tel schème peut et doit cependant être fourni, qui consiste dans l'Idée du *maximum* de la division et de la liaison de la connaissance d'entendement dans un seul et même principe [...] Donc, l'Idée de la raison est un *analogon* d'un schème de la sensibilité, mais avec cette différence que l'application des concepts de l'entendement au schème de la raison n'est pas une connaissance de l'objet lui-même (comme c'est le cas pour l'application des catégories à leurs schèmes sensibles), mais seulement une règle ou un principe de l'unité systématique de tout usage de l'entendement »[161]. Ainsi, la pensée du suprasensible dans l'usage spéculatif de la raison se temporalise en dehors d'une « schématisation » au sens strict du schématisme de l'entendement pur. Un contenu s'inscrit donc bien alors dans l'intuition pure du sens interne.

Le problème est de penser le passage du schématisme de l'entendement pur à ce « schématisme » de l'« analogie », de déterminer comment est possible un « schématisme » de l'« analogie », et d'abord comment se fonde architectoniquement le procédé de l'« analogie », procédé dont nous venons de souligner qu'il intervient dans la constitution d'un « monde intelligible » et au cœur même du schématisme transcendantal de la raison (pour ne rien dire ici du problème des « analogies de l'expérience »), ce procédé caractérisant la finitude de la pensée[162] (nous y reviendrons dans la suite de ce chapitre). Il convient aussi de penser comment peut s'opérer l'articulation du « schématisme » de l'Idée architectonique de la raison pure à un « schématisme » de l'« analogie ». Il s'agira donc bien de poser le problème du « temps » de la pensée et de sa temporalisation.

---

[160] Kant, *CRP*, AK. III, 503, *o.c.*, p. 638.

[161] *Ibid.*, AK. III, 439-440, *o.c.*, p. 573.

[162] Cf. F. Marty, *L'homme, habitant du monde*, *o.c.*, p. 23 sq.

Nous nous interrogerons notamment sur la temporalisation de la pensée du suprasensible. Ainsi, comment concevoir la « transposition sensible pure » (ou « intuitivité [*Erblickbarkeit*] essentiellement pure »)[163] d'un noumène conçu en dehors du système des Idées transcendantales de la raison pure (cf. *supra* ce II), par exemple de la « liberté » au sens pratique ? Comment concevoir cette « transposition sensible » par rapport à celles qui s'opèrent dans le schématisme catégorial ou dans le « schème » de la raison comme principe du système des Idées transcendantales théoriques (cf. *supra* ce II) ?

*

Le passage de l'« usage spéculatif » à l'« usage pratique » de la raison[164] marque la réouverture du champ critique. Ce passage de la « manière de penser selon les principes [...] [du concept de la nature] à la manière de penser selon les principes [...] [du concept de la liberté] »[165] doit s'opérer conformément à l'exigence réflexive transcendantale et sur le mode du jugement réfléchissant[166]. S'ouvre alors à la pensée du suprasensible une perspective qui satisfait à l'« intérêt »[167] suprême – pratique – de la raison.

Qu'est-ce donc qu'une pensée légitime du suprasensible dans le domaine pratique de la philosophie ? C'est une pensée qui se fonde sur la reconnaissance critique de l'intérêt pratique de la raison (intérêt qui correspond au concept « cosmique » de la philosophie, cf. *supra* ce II) et de sa légitimité à valoir comme

---

[163] Heidegger, *Kant et le problème de la métaphysique*, *o.c.*, p. 160.
[164] Kant, *CRP*, AK. III, 518, *o.c.*, p. 653.
[165] Kant, *CJ*, AK. V, 176, *o.c.*, p. 154.
[166] *Ibid.*, AK. V, 196, *o.c.*, p. 176 : « la faculté de juger [...] fournit, à travers le concept d'une finalité de la nature, le concept médiateur entre les concepts de la nature et celui de la liberté qui rend possible le passage de la raison pure théorique à la raison pure pratique, de la légalité selon la première à la fin finale selon la dernière – car ainsi est reconnue la possibilité de la fin finale, qui peut se réaliser seulement dans la nature et en accord avec ses lois » ; *ibid.*, AK. V, 181, *o.c.*, p. 159 : « La finalité de la nature est [...] un concept particulier *a priori*, qui a son origine purement et simplement dans la faculté de juger réfléchissante ».
[167] Kant, *CRP*, AK. III, 522, *o.c.*, p. 658.

principe d'orientation du « besoin » (cf. *supra* ce II) de penser la transcendance (aux yeux du philosophe critique, cet intérêt doit « avoir dans la constitution naturelle de notre raison une destination qui soit positive », ce que Kant avait déjà établi à propos des Idées de la raison pure[168]) : Kant reconnaît à la « pensée » le droit de puiser sa « validité objective » aux « sources pratiques de la raison »[169]. Cette pensée doit toutefois s'assurer de la légitimité d'un usage des catégories quand il s'agit de nous « [conduire] » vers « les fins suprêmes de la raison pure »[170]. A la vérité, pour être légitime, une pensée catégoriale du suprasensible doit d'abord être « possible », « possibilité » qui se fonde dans l'usage théorique des catégories, c'est-à-dire dans leur « [possibilité théorique] ». Ainsi est-il possible de faire de la catégorie de causalité un usage pratique dans la mesure où l'usage théorique de la raison a préalablement rendu « [utilisable] » cette catégorie (« l'usage pratique d'un concept *théoriquement nul* n'aurait rimé absolument à rien. Mais, comme le concept d'une causalité empiriquement inconditionnée est certes théoriquement vide (sans intuition qui lui soit appropriée), mais cependant toujours possible [...], comme [...] il reçoit cependant tout de même, avec la loi morale, par conséquent sous le rapport pratique, de la signification, je ne dispose donc certes d'aucune intuition qui déterminerait, pour ce concept, sa réalité théorique objective, mais il n'en a pas moins une application effectivement-réelle, qui se laisse présenter *in concreto* dans des résolutions ou des maximes [...] ; cela suffit donc à son autorisation, même pour l'application aux noumènes »)[171].

Mais si la pensée a « besoin, pour être mise en œuvre, d'un schème »[172], c'est-à-dire d'une temporalisation (-spatialisation, cf. *supra* ce II), et si le « sujet agissant », en son « caractère

---

168 *Ibid.*, AK. III, 442, *o.c.*, p. 575.
169 *Ibid.*, AK. III, 17, *o.c.*, p. 83.
170 *Ibid.*, AK. III, 522, *o.c.*, p. 658.
171 Kant, *CRPr*, AK. V, 56, *o.c.*, p. 159-160.
172 Kant, *CRP*, AK. III, 539, *o.c.*, p. 674.

intelligible », n'est « soumis [...] à aucune condition de temps »[173], comment « penser » l'Idée pratique de liberté ?

En rapportant la pensée pratique à un « système des déterminations transcendantales du temps [et de l'espace] », c'est-à-dire de la « sensibilité » (cf. F. Pierobon, *supra* ce II), du « sensible pur » (cf. *infra* ce II), le « schématisme » architectonique fonde la représentabilité (et l'inscription – « sensible » –) du contenu de cette pensée dans le sens interne. Pour autant, peut-on rendre compte de la « présentation » de la loi morale (et du mode de cette « présentation ») dans l'intuition interne, ainsi que de la « signification » que cette loi confère à la pensée de la liberté (cf. *infra* ce II), à la seule lumière du « schématisme » architectonique (en son articulation au schématisme de l'entendement pur) tel du moins qu'il est défini dans la première *Critique* ? De même que le schématisme de l'entendement pur se transforme à hauteur du « schématisme » de l'Idée architectonique ou dans le « schématisme » des Idées transcendantales théoriques (cf. *supra* ce II), de même le « schématisme » architectonique, dont nous soutenons qu'il est nécessairement à l'œuvre, comme fonction temporalisante, dans la critique pratique comme en toute pensée, ne doit-il pas se transformer dans le passage à la manière de penser selon l'usage pratique de la raison ? S'il en est ainsi, comment s'opère une telle transformation ?

*

*　　*

Posons plus précisément encore notre problème.

La pensée du suprasensible dans les domaines théorique et pratique se fonde sur le procédé de l'analogie, l'analogie étant définie comme « l'identité du rapport entre principes et conséquences (causes et effets) dans la mesure où elle se produit malgré la différence spécifique des choses ou des propriétés en soi (c'est-à-dire considérées en dehors de ce rapport) qui contiennent le fondement de conséquences semblables »[174]. Ainsi

---

[173] *Ibid.*, AK. III, 367, *o.c.*, p. 499.

[174] Kant, *CJ*, AK. V, 464, *o.c.*, p. 464.

« puis-je penser par analogie avec un entendement la causalité de la cause suprême du monde en comparant les produits finalisés qui sont les siens dans le monde avec les produits humains de l'art ; mais je ne peux conclure par analogie à la présence en lui de ces propriétés […] La causalité des êtres du monde, qui est toujours conditionnée de façon sensible (comme c'est le cas pour celle de l'entendement), ne peut être transférée à un être qui n'a en commun avec eux nul autre concept que celui d'une chose en général »[175]. La « raison est nécessairement astreinte à penser [« par analogie »] »[176] toutes les fois qu'elle porte son attention sur ce qui est « [en] dehors » du « champ » de l'« expérience possible »[177] (« il nous faut toujours, pour nous rendre concevables des propriétés suprasensibles, recourir à une certaine analogie avec les êtres de la nature »[178]). « L'analogie kantienne, écrit F. Marty, intervient là où la pensée, comme pensée humaine, ne peut décider par elle-même, ce qui est la marque de sa finitude »[179]. Le procédé de l'analogie est rendu nécessaire par la « limitation de la raison humaine »[180], soit le fait que notre « entendement ne peut que penser et [qu']il lui faut chercher l'intuition dans les sens » (autrement dit, notre entendement « n'[intuitionne] pas »)[181]. C'est parce que notre entendement n'est pas intuitif ou notre intuition intellectuelle (« deux formules pour dire la même chose », comme le montre X. Tilliette[182]) que nous devons *penser* (« [loin] de constituer le rapport privilégié à la vérité, la pensée n'est qu'un pis-aller, un rapport médiat,

---

[175] *Ibid.*

[176] Kant, *Les progrès de la métaphysique en Allemagne depuis le temps de Leibniz et de Wolf*, AK. XX, 7, 280, *o.c.*, p. 36.

[177] Kant, *CRP*, AK. III, 457, *o.c.*, p. 591.

[178] Kant, *La religion dans les limites de la simple raison*, AK. VI, 80, trad. J. Gibelin, revue par M. Naar, Vrin, Paris, 1982, p. 101.

[179] F. Marty, *L'homme, habitant du monde*, *o.c.*, p. 24.

[180] Kant, *La religion dans les limites de la simple raison*, AK. VI, 80, *o.c.*, p. 101.

[181] Kant, *CRP*, AK. III, 110, *o.c.*, p. 200.

[182] Cf. X. Tilliette, *L'intuition intellectuelle de Kant à Hegel*, Vrin, Paris, 1995, p. 22.

non-absolu », écrit A.-M. Roviello[183]) et recourir au procédé de l'analogie. Toutefois, si je pose comme principe qu'« [au] moyen d'une analogie [...], je puis [...] donner un concept du rapport entre choses qui me sont totalement inconnues »[184], c'est que l'usage des catégories dans le champ du suprasensible a été préalablement rendu « possible » par la philosophie transcendantale théorique (cf. *supra* ce II) et que je reconnais ces catégories comme « [appartenant] nécessairement à la forme de la pensée, que cette dernière se tourne vers le sensible ou vers le supra-sensible »[185] ; je reconnais donc qu'il ne faut pas « [confondre] la sphère de l'application des catégories avec la sphère de leurs fonctions comme formes pures de l'aperception en général » (si « l'entendement (dans ses catégories) » était « purement et simplement l'entendement d'expérience, le passage au pratique deviendrait impossible, car, là, ce sont de simples pensées sans intuition qui déterminent lois, concepts et objets pour la volonté »)[186]. Par ailleurs, je fais alors de ces catégories un usage « uniquement » « problématique »[187]. Ainsi, comprise dans une claire conscience de notre finitude et conformément à la discipline critique, l'analogie n'est en rien un procédé illégitime et arbitraire pour penser le suprasensible. Les catégories mises en œuvre par l'analogie ne « déterminent [...] aucun objet [suprasensible] »[188] ; elles « n'établissent pas le moindre concept d'un objet en soi »[189]. Notre pensée pose alors

---

[183] A.-M. Roviello, *L'institution kantienne de la liberté*, Ousia, Bruxelles, 1984, p. 15.

[184] Kant, *Prolégomènes à toute métaphysique future qui pourra se présenter comme science*, AK. IV, 357, *o.c.*, p. 147.

[185] Kant, *Les progrès de la métaphysique en Allemagne depuis le temps de Leibniz et de Wolf*, AK. XX, 7, 280, *o.c.*, p. 36.

[186] Tieftrunck, « Lettre à Kant, 5 novembre 1797 », AK. XII, 218, cité par G. Lebrun, *Kant et la fin de la métaphysique*, Le Livre de Poche, Paris, 2003, p. 163-164.

[187] Kant, *CRP*, AK. III, 449, *o.c.*, p. 582.

[188] Kant, *Les progrès de la métaphysique en Allemagne depuis le temps de Leibniz et de Wolf*, AK. XX, 7, 280, *o.c.*, p. 36.

[189] Kant, *Prolégomènes à toute métaphysique future qui pourra se présenter comme science*, AK. IV, 324, *o.c.*, p. 101.

un « objet dans l'Idée et non pas dans la réalité »[190]. Ainsi, serait illégitime la pensée métaphysique qui « [transformerait] [« le schématisme de l'analogie »] en un schématisme de la détermination de l'objet (pour étendre notre connaissance) »[191]. Certes, en pensant selon l'analogie (qu'il s'agisse de penser une « intelligence suprême »[192] ou un « monde intelligible »[193]), « la raison adopte »[194] « simplement » des « [points] de vue »[195], donc la pensée est alors « simplement relative »[196]. Néanmoins, quand, dans le domaine théorique, l'« usage » de l'Idée « est restreint aux conditions d'un principe simplement régulateur », le procédé de l'analogie est « inséparablement [lié], comme le dirait Kant, à l'essence de notre raison », puisqu'il fonde l'Idée de la « plus grande unité systématique [de la nature] »[197] : ainsi, « la supposition nécessaire d'un « entendement suprême » [...] est l'« unique et seul point de vue » qui me permette de parler d'un univers intégralement rationnel »[198] ; de même, cette fois dans le domaine pratique, « l'idée de liberté est un « point de vue » que la raison adopte pour avoir le droit d'admettre la causalité non-sensible que l'expérience du devoir m'oblige à supposer »[199]. L'analogie peut donc seule satisfaire d'une manière légitime au « besoin nécessaire de la raison »[200].

Ainsi, l'Idée transcendantale de la raison pure est « l'*analogon* d'un schème de la sensibilité », c'est-à-dire que la pensée, au moyen des catégories, vise à « rendre sensible » le

---

190 Kant, *CRP*, AK. III, 457, *o.c.*, p. 591.

191 Kant, *La religion dans les limites de la simple raison*, AK. VI, 80-81, *o.c.*, p. 101-102.

192 Kant, *CRP*, AK. III, 452, *o.c.*, p. 585.

193 Kant, *Métaphysique des mœurs* I, *Fondation*, AK. IV, 458, *o.c.*, p. 148.

194 Cf. G. Lebrun, *Kant et la fin de la métaphysique*, *o.c.*, p. 327.

195 Kant, *CRP*, AK. III, 449, *o.c.*, p. 582 ; *Métaphysique des mœurs* I, *Fondation*, AK. IV, 458, *o.c.*, p. 148.

196 Kant, *CRP*, AK. III, 448, *o.c.*, p. 581.

197 *Ibid.*, AK. III, 456, *o.c.*, p. 589-590.

198 G. Lebrun, *Kant et la fin de la métaphysique*, *o.c.*, p. 327.

199 *Ibid.*

200 Kant, *Qu'est-ce que s'orienter dans la pensée ?*, AK. VIII, 141, *o.c.*, p. 83.

contenu rationnel, soit, au fond, « le temps » même, préciserait M. Alexandre[201], avec cette différence que le « schème » de la raison est « schème » d'un « principe régulateur »[202], « schème auquel aucun objet n'est assigné directement [...] mais qui sert uniquement à nous représenter d'autres objets [...] dans leur unité systématique »[203], alors que le « schème de la sensibilité » est « connaissance de l'objet lui-même »[204]. L'analogie fonde la « représentabilité » de la pensée rationnelle dans le sens interne et lui confère, par son « schématisme » spécifique, une « signification » : le « schématisme » de l'analogie se caractérise par son « enracinement sensible » (suivant une expression de F. Marty[205]), son exigence de « rendre sensible [le concept abstrait] »[206] (que l'on songe, par exemple, à la « figure christique » qui « représente [...], écrit P. Ricœur, dans les limites strictes de la théorie de l'analogie, un authentique schématisme de l'espérance »[207]).

Le « schématisme » de l'analogie est une fonction médiatisante que la pensée critique, dans le désenveloppement architectonique, met nécessairement en œuvre dès qu'elle vise le suprasensible. Mais ce désenveloppement est toujours déjà celui d'un système de l'« épigenèse » de la raison pure : l'architectonique institue *a priori* (c'est-à-dire de sa propre initiative) cela même qui se désenveloppe à partir de son « germe originaire »[208] (cf. *supra* ce II).

Ainsi, l'architectonique critique ne pense pas en fonction de structures prédéterminées, mais elle constitue épigénétiquement (c'est-à-dire *produit* conformément à l'exigence réflexive transcendantale) ses structures (comme formes *a priori*). C'est dans cette perspective d'un « désenveloppement »

---

201 M. Alexandre, *Lecture de Kant*, *o.c.*, p. 129.

202 Kant, *CRP*, AK. III, 459, *o.c.*, p. 592.

203 *Ibid.*, AK. III, 443, *o.c.*, p. 576.

204 *Ibid.*, AK. III, 440, *o.c.*, p. 573.

205 F. Marty, *La naissance de la métaphysique chez Kant*, *o.c.*, p. 341.

206 Kant, *CRP*, AK. III, 204/IV, 157, *o.c.*, p. 296.

207 P. Ricœur, *Lectures* 3, Seuil, Paris, 2006, p. 32.

208 Kant, *CRP*, AK. III, 540, *o.c.*, p. 675.

« épigénétique » (cf. *supra* ce II) qu'il faut interpréter, par exemple, ce que F. Pierobon conçoit comme l'homologie structurale de l'architectonique de la première *Critique* (« homologie » entre les « deux formes de la connaissance » que sont « la Logique et l'Esthétique »[209], « homologie du rapport sensibilité/entendement au rapport entendement/raison »[210]). Cette « homologie » structurale ne fonde pas les articulations architectoniques à la manière dont l'« homologie structurale »[211] au sens de la « fonction symbolique » fonde, dans le structuralisme de Lévi-Strauss, les systèmes de représentations : à la différence de la « fonction symbolique » au sens de Lévi-Strauss, c'est-à-dire d'une « activité inconsciente de l'esprit » qui « consiste à imposer des formes à un contenu »[212], soit d'une « pensée qui ne se pense pas », comme l'écrit P. Ricœur[213], l'architectonique kantienne est une pensée qui ne cesse de travailler à sa propre institution (appropriation réflexive transcendantale de ses structures, appropriation à concevoir comme reprise transformante à mesure que se désenveloppe le système des pouvoirs de l'esprit, que s'expérimentent les passages, que « l'on chemine et que, comme l'écrit M. Richir, le « paysage mental », dans ce cheminement, prend des aspects tout différents »[214]).

L'auto-institution (épigénétique) de l'architectonique doit être comprise dans la perspective (« réfléchissante ») de l'Idée d'un « sens commun » et de ses maximes : « Penser par soi-même », « Penser en se mettant à la place de tout autre »,

---

[209] Cf. F. Pierobon, *Kant et la fondation architectonique de la métaphysique*, *o.c.*, p. 179 sq.

[210] *Ibid.*, p. 109 ; cf. Kant, *CRP*, AK. III, 439, *o.c.*, p. 572 : « L'entendement constitue pour la raison un objet, exactement au même sens où la sensibilité en constitue un pour l'entendement ».

[211] P. Ricœur, *Le conflit des interprétations*, Seuil, Paris, 1969, p. 40 : « homologie structurale » s'entend « au sens de correspondance formelle entre structures spécifiées ».

[212] C. Lévi-Strauss, *Anthropologie structurale*, Plon, Paris, 2002, p. 34.

[213] P. Ricœur, *Le conflit des interprétations*, *o.c.*, p. 44.

[214] M. Richir, *in* F. Pierobon, *Kant et la fondation architectonique de la métaphysique*, Préface, *o.c.*, p. 6.

« Toujours penser en accord avec soi-même »[215]. Il s'agira donc de montrer comment s'articulent architectoniquement la pensée critique en ses « [déterminations] »[216] transcendantales et l'Idée *réfléchissante* d'un « sens commun ».

Cette analyse s'inscrira dans une exploration des transformations de la notion de « schématisme » dans le discours critique, et notamment dans une architectonique des diverses manifestations du « schématisme » de l'« analogie ». Il nous sera alors possible de mettre en œuvre une architectonique du « temps » de la pensée (en sa « transcendantalité » et en ses temporalisations empiriques). Le « temps » « n'est rien » « en dehors du sujet », écrit Kant dans l'Esthétique transcendantale de la première *Critique*, ce qui signifie que le « temps » est « purement et simplement une condition subjective de notre (humaine) intuition »[217]. Ainsi, puisque « penser inclut un réfléchir qui, lui-même, ne peut se produire que dans le temps »[218] et puisqu'il « n'y a [...] qu'un seul temps »[219], le « temps » dans lequel les « représentations doivent se succéder » ne peut être que « l'intuition pure du temps »[220] comme « condition formelle *a priori* de tous les phénomènes en général »[221]. Mais Kant soutient que la temporalisation « schématisante » qui constitue les représentations de la loi morale (comme « fait de la raison » suscitant le « respect ») et du jugement pratique pur n'est qu'« analogue » à la fonction schématisante de l'entendement pur, c'est-à-dire à la fonction d'« application »[222] de la catégorie aux « conditions de la sensibilité »[223], soit à l'intuition pure du temps telle qu'elle est

---

215 Kant, *CJ*, AK. V, 294, *o.c.*, p. 279.

216 Kant, *CRP*, AK. III, 539, *o.c.*, p. 674.

217 *Ibid.*, AK. III, 60-61/IV, 38, *o.c.*, p. 129.

218 Kant, *La fin de toutes choses*, AK. VIII, 334, *o.c.*, p. 117.

219 Kant, *CRP*, AK. III, 166/IV, 128, *o.c.*, p. 257.

220 Kant, « A Reinhold, 19 mai 1789 », AK. XI, 45, cité *in* R. Eisler, *Kant-Lexikon*, trad. A.-D. Balmès et P. Osmo, Gallimard, Paris, 1996, p. 1026.

221 Kant, *CRP*, AK. III, 60/IV, 38, *o.c.*, p. 128.

222 *Ibid.*, AK. III, 134/IV, 99, *o.c.*, p. 224.

223 *Ibid.*, AK. III, 139/IV, 104, *o.c.*, p. 229.

« exposée »[224] dans l'Esthétique transcendantale. Est-ce à dire que la pensée pratique se produit en dehors du rapport à l'intuition pure du temps ? Quel peut donc être cet analogue de l'« intuition » qui rend possible la représentation de la loi morale, conférant ainsi à la pensée pratique une « réalité » sans laquelle cette pensée n'aurait aucune « signification »[225] ? Si la « temporalisation » pratique ne s'effectue plus comme l'acte d'appliquer un concept à une « intuition possible pour nous » – puisqu'il s'agit alors « seulement de la détermination de la volonté, et non des conditions naturelles (du pouvoir pratique) de l'exécution de son intention » –[226], comment concevoir cette « temporalisation » ? Signifie-t-elle la « temporalisation » de la « liberté » pratique elle-même ?

Soulignons, par ailleurs, que si le procédé de l'analogie fonde le « symbolisme » (ce que soutient Kant) et si la fonction « symbolique » au sens kantien fonde le langage (toute manière de parler) – hypothèse que nous examinerons dans la suite de ce chapitre –, une recherche sur la fondation transcendantale du « schématisme » de l'« analogie » en sa dimension « symbolique » doit permettre de poser le problème de la fondation transcendantale du langage, donc de revenir sur le problème de la fondation (auto-fondation) transcendantale de l'architectonique (puisque pensée et langage sont indissociables).

*

* *

« [Les] symboles, écrit Kant, [...] contiennent [...] des présentations indirectes [du concept] [Ils] accomplissent cette opération [...] par la médiation d'une analogie [...] où la faculté de juger procède à une double démarche qui consiste, premièrement, à appliquer le concept à l'objet d'une intuition sensible, et, ensuite, deuxièmement, à appliquer la simple règle de la réflexion sur cette intuition à un tout autre objet dont le

---

[224] *Ibid.*, AK. III, 52/IV, 31, *o.c.*, p. 120.
[225] Kant, *CRPr*, AK. V, 56, *o.c.*, p. 160.
[226] *Ibid.*, AK. V, 64 et 66, *o.c.*, p. 172.

premier est seulement le symbole »[227]. Si Kant souligne que la symbolisation est « simplement analogue au procédé [...] [que la faculté de juger] observe dans la schématisation »[228], c'est d'abord pour montrer que la faculté de juger « premièrement [...] [applique] le concept à l'objet d'une intuition sensible »[229]. Ainsi, la « démarche symbolique [...] implique comme premier temps la connaissance selon le schématisme catégorial », le « symbole [...] [étant] une schématisation, – l'emploi d'une « catégorie » – reprise pour faire passer dans le sensible une idée de la raison » (F. Marty)[230]. Cette « reprise » s'opère dans le second temps de la démarche symbolique (« appliquer la simple règle de la réflexion sur cette intuition à un tout autre objet dont le premier est seulement le symbole »[231]). « [L']intuition elle-même n'est pas retenue dans la symbolisation, souligne F. Marty [...] Dans la *Critique de la faculté de juger*, l'analogie appartient, de façon générale, à ce type de relecture du sensible, comme présentation de quelque intelligible »[232]. Si cette « reprise », cette « relecture » s'inscrivent le plus originairement dans un rapport à l'intuition *a priori* du temps (lequel fonde le « rapport à l'intuition »[233] constitutif du symbolisme), elles ne sont pas pour autant réductibles au schématisme de l'entendement pur. Ce schématisme, en effet, est l'œuvre d'une faculté de juger « déterminante » (« l'universel » étant « donné », « la faculté de juger subsume sous lui le particulier »[234]). Or, lorsqu'il est question du « procédé » que la « faculté de juger » « observe » dans le symbolisme, soit un rapport à la « forme de la réflexion », la « règle de la réflexion sur l'intuition » étant « [appliquée] » « à un tout autre objet dont le premier est

[227] Kant, *CJ*, AK. V, 352, *o.c.*, p. 341.
[228] *Ibid.*, AK. V, 351, *o.c.*, p. 340.
[229] *Ibid.*, AK. V, 352, *o.c.*, p. 341.
[230] F. Marty, *La naissance de la métaphysique chez Kant*, *o.c.*, p. 355 et 360.
[231] Kant, *CJ*, AK. V, 352, *o.c.*, p. 341.
[232] F. Marty, *La naissance de la métaphysique chez Kant*, *o.c.*, p. 357 et 517.
[233] *Ibid.*, p. 357.
[234] Kant, *CJ*, AK. V, 179, *o.c.*, p. 158.

seulement le symbole »[235], la « réflexion » dont il s'agit alors doit être comprise comme l'œuvre d'une faculté de juger « réfléchissante » (« seul le particulier est donné, pour lequel l'universel doit être trouvé »[236]).

Dans un article consacré à la théorie du symbole chez Cassirer, J.-A. Barash souligne que Kant « avait fait une distinction marquée entre l'activité symbolisante de la conscience et sa fonction schématisante. Si au moyen de cette dernière l'imagination transcendantale confère de l'intelligibilité aux impressions sensibles en les plaçant dans une structure temporelle réglée par des concepts généraux, les symboles, opérant au moyen de l'analogie, attribuent aux contenus sensibles un sens qui n'est pas directement discernable en eux. Les symboles signifient une idée […] suprasensible, que les images sensibles peuvent seulement présenter [indirectement] […] [La] forme schématisante […] est […] limitée aux intuitions pures et aux catégories qui correspondent au monde de la physique newtonienne dont Kant a cherché à rendre compte dans la *Critique de la raison pure* »[237]. Ainsi, le « schème » de l'Idée architectonique, en tant qu'Idée de la raison, ne peut être coextensif au schématisme de l'entendement pur. Il s'articule, toutefois, comme « monogramme » (cf. *supra* ce II) de l'Idée, à ce schématisme (c'est-à-dire à la « structure temporelle » que ce schématisme détermine). De plus, ce « schème » architectonique n'est en rien un « symbole », puisqu'il ne s'agit pas pour lui de « présenter » de manière « indirecte » (cf. *supra* ce II) l'Idée architectonique. Pourtant, le « réfléchissant », notamment en sa fonction symbolique, n'est-il pas toujours déjà à l'œuvre dans l'activité « schématisante » (au sens des « schématismes » de l'entendement pur et de la raison) de la première *Critique* ?

---

[235] *Ibid.*, AK. V, 351-352, *o.c.*, p. 340-341.

[236] *Ibid.*, AK. V, 179, *o.c.*, p. 158.

[237] J.-A. Barash (edited by), *The symbolic construction of reality : the legacy of Ernst Cassirer*, The University of Chicago Press, Chicago, 2008, « Introduction », p. XI-XII (notre traduction).

*

* *

Comme nous l'avons montré ailleurs[238], la faculté de juger est, dans la première *Critique*, subordonnée à l'intérêt d'une logique transcendantale et les « maximes » de la raison s'inscrivent dans la pensée d'un usage régulateur des Idées[239], ce qui montre bien le primat théorique de l'entendement en sa « détermination »[240] *a priori* des conditions de possibilité de l'expérience. Quant à la troisième *Critique*, elle considère l'intuition dans sa « légalité, contingente en soi (d'après tous les concepts de l'entendement) »[241] (c'est-à-dire d'après la « législation transcendantale de la nature » par l'« entendement »[242]), soit dans la perspective d'une « réflexion » (au sens du jugement réfléchissant et de son « principe transcendantal »[243], le principe de « finalité de la nature »[244]) « sur » l'« intuition ». Ainsi, il ne peut y avoir architectoniquement de « place » pour une faculté de juger réfléchissante qu'une fois la faculté de juger libérée de l'emprise de l'entendement, ce qui suppose de la considérer à hauteur d'un système des « pouvoirs de connaître »[245] et précisément en tant que pouvoir indépendant de l'« entendement » (comme de la « raison » pratique).

*

De même que le schématisme de l'entendement fonde la « signification »[246] des concepts purs de l'entendement, de même la faculté de juger réfléchissante, qui est au cœur de la fonction

---

[238] Cf. notre ouvrage *Phénoménologie de la réflexion dans la pensée critique de Kant*, L'Harmattan, Paris, 2002, p. 153-154.
[239] Kant, *CRP*, AK. III, 440, *o.c.*, p. 573.
[240] Cf. Kant, *CJ*, AK. V, 179, *o.c.*, p. 158.
[241] *Ibid.*, AK. XX, 204, *o.c.*, p. 95.
[242] *Ibid.*, AK. XX, 210, *o.c.*, p. 100.
[243] *Ibid.*, AK. XX, 209, *o.c.*, p. 100.
[244] *Ibid.*, AK. XX, 216, *o.c.*, p. 106.
[245] *Ibid.*, AK. V, 197, *o.c.*, p. 177.
[246] Kant, *CRP*, AK. III, 139/IV, 104-105, *o.c.*, p. 230.

« symbolique » du langage (« métaphysique »), fonde la signification de la pensée (du suprasensible).

« Notre langue, écrit Kant, est pleine de telles présentations indirectes selon une analogie, dans lesquelles l'expression contient, non pas proprement le schème pour le concept, mais seulement un symbole pour la réflexion. Ainsi, en va-t-il des mots *fondement* (appui, base), *dépendre* (être suspendu à quelque chose de plus élevé), *découler de* (au lieu de suivre), *substance* (selon l'expression de Locke : le support des accidents) et d'innombrables autres hypotyposes non schématiques, mais symboliques, et des expressions intervenant pour désigner des concepts, non pas par l'intermédiaire d'une intuition directe, mais seulement selon une analogie avec celle-ci »[247]. Ainsi, il y a symbolisation dès qu'il s'agit de dire le suprasensible, ce projet ressortissant à notre « besoin » (cf. *supra* ce II) de penser. Or, toute symbolisation inclut une « réflexion » (au sens du jugement réfléchissant). De ce point de vue, la faculté de juger réfléchissante ne peut donc être absente du travail de la pensée, c'est-à-dire du langage, de la première *Critique*. Le temps n'y est-il pas représenté comme un « fondement pour toutes les intuitions »[248] ? ; l'Idéal transcendantal comme « un fondement [...] [résidant] [...] au principe de la possibilité de toutes choses »[249] ? ; l'Idée architectonique comme « fondement »[250] de la science métaphysique ? Que signifie l'idée que la « synthèse pure » (qui « donne [...] le concept pur de l'entendement ») « repose sur un fondement de l'unité synthétique *a priori* »[251] ? Sur quoi les contenus reposent-ils quand ils « se fondent » dans l'Idée architectonique ? Quel est donc précisément le sens du mot « fondement » quand il s'agit de penser les formes *a priori* de l'esprit, l'Idéal transcendantal ou l'Idée architectonique ?

[247] Kant, *CJ*, AK. V, 352, *o.c.*, p. 341.
[248] Kant, *CRP*, AK. IV, 36, *o.c.*, p. 126.
[249] *Ibid.*, AK. III, 390, *o.c.*, p. 522.
[250] *Ibid.*, AK. III, 539, *o.c.*, p. 675.
[251] *Ibid.*, AK. III, 91/IV, 64, *o.c.*, p. 162.

La discipline critique nous met en demeure de comprendre le mot « fondement » comme (seulement) symbolique, pouvant seule nous préserver de toute « substantialisation » (réaliste transcendantale). Mais comment faut-il alors concevoir l'Idée d'une « fondation » du discours critique, ainsi que l'Idée d'une « (*auto*-)fondation » du « sujet » pensant, de l'« homme » ?

*

Dans le « langage symbolique » « se trouve l'appel à l'autre forme d'expression, à l'autre niveau de langage que Kant appelle schématique. C'est celui de la connaissance de la nature », mais le langage symbolique se caractérise par une « réflexion sur l'« objet de l'intuition » » (F. Marty)[252]. Or, que signifie cette « réflexion », sinon une remontée vers l'« universel »[253] qui « fonde » l'intuition sensible ? Mais comment penser ce « fondement » ?

L'exigence de la raison n'est-elle pas de remonter jusqu'à « l'inconditionné correspondant au conditionné donné »[254] ? Or, comme le souligne F. Marty, « la connaissance de [...] [l']objet [de l'intuition] n'est pas [...] imperméable à la question du fondement, même si [...] [le] jugement « déterminant » [...] ne peut jamais mettre dans l'entreprise de connaissance ce « terme », qui est pourtant son intention, puisque la « détermination » serait complète si le « terme » du processus était posé »[255]. Ce « terme », pour être « trouvé »[256], requiert que le sensible soit « [distingué] »[257] de la chose en soi et pensé comme ayant « à son soubassement » « quelque chose de suprasensible (le substrat intelligible de la nature en dehors de nous et en nous) »[258]. Le langage symbolique renverrait donc, par essence, à la question du « fondement » et c'est en ce sens que

---

[252] F. Marty, *La naissance de la métaphysique chez Kant*, *o.c.*, p. 364.
[253] Kant, *CJ*, AK. V, 170, *o.c.*, p. 158.
[254] *Ibid.*, AK. V, 345, *o.c.*, p. 333.
[255] F. Marty, *La naissance de la métaphysique chez Kant*, *o.c.*, p. 364.
[256] Kant, *CJ*, AK. V, 345, *o.c.*, p. 333.
[257] Cf. Kant, *CRP*, AK. III, 202/IV, 154, *o.c.*, p. 294.
[258] Kant, *CJ*, AK. V, 345, *o.c.*, p. 333.

« le langage des déterminations, l'hypotypose schématique, [demanderait] le langage symbolique » (F. Marty)[259]. Le langage symbolique mettrait, en effet, au jour la présupposition nécessaire de tout usage déterminant de la raison, donc de tout langage schématisant. Comme l'écrit F. Marty, « [le] niveau symbolique est autre que le niveau catégorial, précisément parce qu'il fait paraître le champ d'intelligibilité, ou de « possibilité », où s'enracine le discours catégorial, afin de pouvoir être »[260].

De ce point de vue, tout langage n'est-il pas « symbolique » au sens kantien ? « [Le] symbolisme, propose F. Marty, réflexion sur l'intuition, dit ce qui fonde la possibilité des signes, conventionnels, parce qu'appartenant à l'ordre autonome que constitue le langage, qui jamais ne se borne à être quelque copie de la nature »[261]. Le « fondement » auquel renvoie la pratique du langage n'est autre que le « concept rationnel pur du suprasensible », concept qui « est au fondement […] du sujet qui juge », soit l'Idée d'un « substrat suprasensible de l'humanité »[262]. Ainsi, la question du « fondement » du langage (« fondement » qui « ne se manifeste jamais qu'« indirectement » dans ce que Kant nous a suffisamment appris à reconnaître comme incapable de dire un fondement ultime, la connaissance catégoriale »[263]) s'identifie à la question de la « fondation » (« auto-fondation ») de la pensée.

Si le langage de la métaphysique critique (comme, par hypothèse, tout langage) est « symbolique », la fonction « symbolique », en tant que « réfléchissante », doit donc être reconnue dans l'auto-institution de la pensée.

*

Mais n'est-il pas excessif d'élargir, comme nous l'avons fait dans notre présente analyse, le champ du « symbolique » au sens kantien à la totalité de la pensée architectonique (et à tout

---

[259] F. Marty, *La naissance de la métaphysique chez Kant*, *o.c.*, p. 364.
[260] *Ibid.*, p. 370.
[261] *Ibid.*, p. 364.
[262] Kant, *CJ*, AK. V, 340, *o.c.*, p. 328.
[263] F. Marty, *La naissance de la métaphysique chez Kant*, *o.c.*, p. 365.

langage) ? Kant ne montre-t-il pas plutôt que seules certaines manières de penser (et de parler) sont « symboliques », distinguant clairement, comme nous l'avons souligné en suivant J.-A. Barash, le langage du « schématisme » et celui du « symbolisme » ? Est-il légitime (et, dans l'hypothèse affirmative, à quelle(s) condition(s)) de penser comme une « prégnance » (terme cassirérien) « symbolique » (au sens kantien) dans l'architectonique critique (Cassirer introduit ce concept de « prégnance », quand il entend montrer l'« entrelacement », la « relativité du phénomène particulier de la perception, donné ici et maintenant, à une totalité de sens caractéristique »[264], l'idée étant alors que les « formes symboliques » (Cassirer entend par là le « concept » kantien de « fonction *a priori* », mais « [élargi], comme l'écrit A. Stanguennec, à l'ensemble des opérations présentes dans les œuvres de la culture », signifiant ainsi « l'opération réglée permettant de saisir une diversité d'éléments empiriques à l'intérieur d'une forme de liaison (temporelle, spatiale, causale, finale, etc.) »[265], le concept de « forme » désignant une « loi de constitution » (Cassirer)[266], soit un « principe de structuration » (T. Simonelli)[267]), l'idée étant, disons-nous, que les « formes symboliques » « s'enchaînent systématiquement entre elles pour constituer grâce à cet enchaînement ce tout que nous appelons le monde de notre « expérience » » (Cassirer)[268]) ? L'idée d'une « prégnance » (au sens, dérivé de Cassirer, de l'efficience architectonique) du « symbolique » (au sens *kantien*) *chez Kant*

---

[264] E. Cassirer, *La philosophie des formes symboliques* III, trad. C. Fronty, Minuit, Paris, 2006, p. 229.

[265] A. Stanguennec, « Néokantisme et hégélianisme chez Ernst Cassirer », *in* J. Seidengart (sous la direction de), *Ernst Cassirer de Marbourg à New York*, Cerf, Paris, 1990, p. 59.

[266] E. Cassirer, *La philosophie des formes symboliques* I, trad. O. Hansen-Love et J. Lacoste, Minuit, Paris, 1972, p. 22.

[267] T. Simonelli, « La philosophie des Formes symboliques dans le Contexte », *in* F. Lartillot (coordonné par), *Ernst Cassirer. Geist und Leben*, L'Harmattan, Paris, 2003, p. 94.

[268] E. Cassirer, *La philosophie des formes symboliques* III, *o.c.*, p. 217.

(c'est ainsi que nous interprétons la thèse de F. Marty sur la dimension « symbolique » du « langage », cf. *supra*) est-elle donc légitime du point de vue de la philosophie critique ? Nous montrerons dans la suite du chapitre que cette idée est tout à fait légitime, à la condition toutefois de s'inscrire dans une reprise « réfléchissante » de la Critique tout entière, reprise fondée dans la critique de la faculté de juger *téléologique*.

*

Soulignons, dans l'immédiat, que le jugement réfléchissant (qui fonde la démarche symbolique) renouvelle l'entreprise auto-fondationnelle du discours critique. Ainsi, dans la perspective de la résolution de l'antinomie du jugement téléologique (cf. le paragraphe 76 de la troisième *Critique*), la pensée prend conscience que la distinction entre l'intuition et le concept, qui fonde la théorie transcendantale de la connaissance dans la première *Critique*, a une « valeur [...] simplement subjective »[269], tout comme l'opposition, constitutive de la critique pratique, entre l'être et le devoir-être, qui n'a de sens que par rapport à la « constitution subjective de notre pouvoir pratique »[270], c'est-à-dire pour une raison pratique finie, prenant conscience de la loi morale comme impératif. La pensée, ainsi élevée à la conscience « réfléchissante » d'elle-même, peut alors appréhender son essence autrement que comme une structure prédéterminée devant être « trouvée » (au sens où est « trouvée » dans la première *Critique* la « fonction de la pensée » dans les jugements[271]), tel un absolu qui la déterminerait dans son effort même d'auto-institution. La pensée comprend son essence non comme un absolu, mais comme liée « simplement », « uniquement »[272], à sa constitution subjective. Elle se pose alors expressément comme exigence (« réfléchissante ») auto-fondationnelle, résolution d'instituer sa propre finitude, laquelle est considérée non pas (non plus) comme « reçue ou

[269] Kant, *CJ*, AK. V, 402, *o.c.*, p. 397.
[270] *Ibid.*, AK. V, 403, *o.c.*, p. 399.
[271] Kant, *CRP*, AK. III, 86/IV, 59, *o.c.*, p. 157.
[272] Kant, *CJ*, AK. V, 402 et 403, *o.c.*, p. 397 et 399.

donnée », mais comme « [étant] à elle-même son propre principe et sa constante référence » (cf. H. Birault)[273]. Une telle refondation « réfléchissante » de l'architectonique peut ainsi être conçue comme l'œuvre d'une « héautonomie », la pensée se donnant « à elle-même » sa « loi »[274]. L'auto-institution architectonique est alors comprise comme « autonomie » non plus « objective » (« comme l'est celle de l'entendement vis-à-vis des lois théoriques de la nature, ou celle de la raison dans les lois pratiques de la liberté », c'est-à-dire celle qui « intervient [...] par des concepts de choses ou d'actions possibles »), mais « simplement subjective » (il s'agit d'une « législation » que la « faculté de juger » se « donne [...] exclusivement à elle-même »)[275], liée au « sujet qui juge »[276], autonomie « réfléchissante » et, en cela, proprement « pensante » : le « principe transcendantal » que la faculté de juger « se [...] [donne] à elle-même comme loi », soit la « finalité de la nature », « a son origine purement et simplement dans la faculté de juger réfléchissante »[277] ; il s'agit d'une « [présupposition] » « nécessaire »[278], d'un « principe subjectif (une maxime) »[279] de la pensée ; or, comme le souligne A.-M. Roviello, le concept de « présupposition » « renvoie la pensée à elle-même, à l'exigence même de penser. Il désigne une disposition originaire de la pensée, un mode d'être fondamental en lequel celle-ci se donne à soi-même sa propre légalité pour pouvoir penser [...] Le jugement réfléchissant doit savoir que ses objets – empiriques ou métaphysiques – ne sont jamais des certitudes en sa possession une fois pour toutes, mais qu'ils ont en leur foyer même l'interrogation, la question qu'est à soi-même la pensée »[280].

---

[273] H. Birault, *Heidegger et l'expérience de la pensée*, *o.c.*, p. 56.
[274] Kant, *CJ*, AK. XX, 225, *o.c.*, p. 115 et AK. V, 185, *o.c.*, p. 165.
[275] *Ibid.*, AK. XX, 225, *o.c.*, p. 115.
[276] *Ibid.*, AK. V, 340, *o.c.*, p. 328.
[277] *Ibid.*, AK. V, 180-181, *o.c.*, p. 159.
[278] *Ibid.*, AK. V, 183, *o.c.*, p. 162.
[279] *Ibid.*, AK. V, 184, *o.c.*, p. 163.
[280] A.-M. Roviello, *L'institution kantienne de la liberté*, *o.c.*, p. 31 et 45.

La découverte décisive de la troisième *Critique* ne réside pas dans la pensée d'une nécessité (seulement) conditionnelle des *a priori*, donc dans la conscience de la « contingence », c'est-à-dire de la finitude, de notre esprit.

« [La] finalité, écrit Kant dans la troisième *Critique*, est une légalité du contingent comme tel »[281]. Il entend ici par « contingence » le « point de vue de l'empiricité » en tant qu'il « révèle, écrit M. Castillo, [...] une sorte de donation virtuellement infinie ou inépuisable de la phénoménalité, particulièrement repérable dans la variété surprenante des êtres vivants, et qui suscite l'interrogation sur la possibilité de sa genèse dans la nature [...] C'est une pluralité qui « résiste » à la conceptualité physicienne, à l'homogénéité intellectuelle conquise, pour son application, par le schématisme de l'entendement [...] [L']observation de la nature réclame ici des règles appropriées à sa contingence, c'est-à-dire une autre légalité pour le contingent »[282].Or, dans l'appréciation de la « contingence » de la nature (et dans la pensée de sa « légalité, contingente en soi (d'après tous les concepts de l'entendement) »[283]), dans « la genèse de [...] l'interrogation [sur la finalité] dans l'esprit humain », c'est-à-dire dans la genèse du « besoin d'attribuer une finalité à la nature » (M. Castillo)[284], il faut reconnaître la « contingence »[285] même, soit la « [subjectivité] »[286], de la « constitution spécifique de [nos] pouvoirs de connaître »[287]. Comme l'écrit E. Weil, « même notre entendement, notre raison, la structure qui nous caractérise, tout est pur fait, et tout fait pouvant sans contradiction être autre ou ne pas être, est fortuit [...] [Que] nous soyons obligés de penser des buts, cela encore est fortuit, fait donné et à accepter »[288].

---

[281] Kant, *CJ*, AK. XX, 217, *o.c.*, p. 108.
[282] M. Castillo, *Kant. L'invention critique*, Vrin, Paris, 1997, p. 182 et 184.
[283] Kant, *CJ*, AK. XX, 204, *o.c.*, p. 95.
[284] M. Castillo, *Kant. L'invention critique*, *o.c.*, p. 189.
[285] Kant, *CJ*, AK. V, 408, *o.c.*, p. 404.
[286] *Ibid.*, AK. V, 403, *o.c.*, p. 399.
[287] *Ibid.*, AK. V, 397, *o.c.*, p. 392.
[288] E. Weil, *Problèmes kantiens*, Vrin, Paris, 1970, p. 78-79.

Mais, à la vérité, cette conscience de la contingence de notre esprit et de la « nécessité » (seulement) « conditionnelle » de ses contenus est déjà présente dans la première *Critique*. Ainsi, il est clair que les « concepts purs de l'entendement [...] ne sont pas absolus, irrelatifs » (C. Piché)[289] ; il n'y a de nécessité dans le domaine théorique qu'« en relation avec la possibilité des objets de l'expérience » (Kant)[290]. Quant à l'« absoluité »[291] de la loi morale, elle est toujours (aussi) pensée, dans la deuxième *Critique*, comme « impératif » (« La règle pratique [...] est, pour un être chez qui la raison n'est pas, de manière totalement exclusive, fondement de la détermination de la volonté, un impératif »[292]), « le concept d'impératif comme tel [manifestant], souligne Heidegger, la relation intrinsèque à un être fini »[293].

La découverte décisive de la troisième *Critique* ne réside pas davantage dans l'idée que la pensée constitue le « sens » (se le donne à elle-même). Ainsi, Kant a, dans les deux premières Critiques, une claire conscience de l'activité de constitution par la pensée du « sens », ce qui peut être reconnu aussi bien lorsqu'il écrit que « nous ne connaissons *a priori* des choses que ce que nous y mettons nous-mêmes »[294] que dans la pensée du « comme si », à l'œuvre dans les domaines théorique (usage « régulateur » des Idées de la raison)[295] et pratique[296] (soulignons, à ce propos, que lorsque Kant écrit qu'il faut agir « comme s'il y

---

[289] C. Piché, *Kant et ses épigones. Le jugement critique en appel*, Vrin, Paris, 1995, p. 101.

[290] Kant, *Réflexion* 5914, AK. XVIII, cité *in* R. Eisler, *Kant-Lexikon*, *o.c.*, p. 740.

[291] Cf. E. Cassirer, cité *in* P. Aubenque, « Le débat de 1929 entre Cassirer et Heidegger », *in Ernst Cassirer de Marbourg à New York*, J. Seidengart (sous la direction de), *o.c.* : « la loi, absolue en soi » (« R. [Recension de Heidegger par Cassirer], p. 70-71 »).

[292] Kant, *CRPr*, AK. V, 20, *o.c.*, p. 110.

[293] Heidegger, cité *in* P. Aubenque, « Le débat de 1929 entre Cassirer et Heidegger », *in o.c.*, « P. [Protocole], p. 84 », p. 88.

[294] Kant, *CRP*, AK. III, 13, *o.c.*, p. 79.

[295] *Ibid.*, AK. III, 411-413, *o.c.*, p. 544-546, et AK. III, 449-452, *o.c.*, p. 582-585.

[296] Cf., par exemple, Kant, *Métaphysique des mœurs* I, *Fondation*, AK. IV, 438, *o.c.*, p. 121.

avait un Dieu et un autre monde »[297], cela doit s'entendre non comme l'aveu du non-sens ultime de l'existence ou comme la représentation de Dieu comme pure fiction, mais comme expression de la « vérité » architectonique, en tant qu'elle s'inscrit dans le « désenveloppement » « épigénétique » (cf. *supra* ce II) du « système » de la « science » de (et pour) l'homme en sa finitude).

Or, soutenir, comme E. Weil, que dans la troisième *Critique* se fait jour l'exigence de penser « le sens de l'existence fortuite du sens, de tout sens »[298], cela suppose de souligner au préalable avec précision ce qui marque alors l'avancée décisive de la pensée. Selon nous, cette avancée décisive réside dans la découverte de l'Idée d'une « héautonomie » de la faculté de juger (« La faculté de juger, écrit M. Castillo, est [...] auto-législatrice, ne réglementant pas les choses, mais elle-même »[299]). La pensée transcendantale, enfin pleinement au clair sur ses présupposés, peut donc désormais se résoudre à les « présup-*poser* » comme ses fondements seulement « contingents » (sans pour autant s'interdire « détermination » et « nécessité », mais en reconnaissant le réfléchissant comme ce qui « révèle » le « fond vivant » de tout « jugement déterminant » (G. Deleuze)[300] et avec la conscience plus claire que jamais du caractère « conditionnel » de la « nécessité » en toute pensée (finie)). La pensée héautonome est plus « pure » encore, plus purement « pensante », dirait J. Kopper[301], que l'« autonomie » antérieure, « autonomie » qui se révèlerait être, *a posteriori*, (encore) conditionnée par un « dogmatisme » fondationnel (dont précisément se (nous) libèrerait la « réflexion »), « autonomie »

---

297 Kant, *Lose Blätter aus Kants Nachlaß*, G 3, éd. Reicke, cité *in* R. Eisler, *Kant-Lexikon*, *o.c.*, p. 159.

298 E. Weil, *Problèmes kantiens*, *o.c.*, p. 80.

299 M. Castillo, *Kant. L'invention critique*, *o.c.*, p. 195.

300 G. Deleuze, *La philosophie critique de Kant*, *o.c.*, p. 95.

301 J. Kopper, « Quelques remarques sur la composition de la *Dialectique de la faculté de juger téléologique* », *Revue Internationale de Philosophie*, 4/1990, n° 175, p. 612.

encore hétéronome, oserions-nous dire : tel nous paraît être le sens du paragraphe 76 de la troisième *Critique*.

Ainsi, l'Idée d'une héautonomie de la faculté de juger est à comprendre dans le sens de la fermeté d'une pensée capable de déterminer avec « nécessité », mais qui en même temps a une conscience plus aiguë que jamais de la « contingence » de sa structure et de ses contenus temporalisés. L'examen de cette Idée sera repris à la fin de ce chapitre dans le cadre de notre recherche à venir sur l'articulation du téléologique et du symbolique. Nous verrons alors comment cette Idée ouvre à la pensée une perspective « historique » (hautement problématique du point de vue kantien) dans laquelle a pu s'inscrire la philosophie cassirérienne de la culture.

*

Ainsi, en mettant au jour la double démarche du symbolisme et, par là, le « fondement » « symbolique » du langage (cf. *supra* et *infra* ce II), Kant travaillerait à ce que R. Bubner appelle l'« auto-compréhension » du « sujet » humain[302] et il poserait à nouveaux frais le problème d'une « fondation » de la « pensée » (donc de l'« humanité »), « fondation » dont le jugement réfléchissant se révèle être le « lieu de dévoilement » (A.-M. Roviello)[303] (« parce que l'autonomie, écrit A.-M. Roviello, consiste à se donner sa propre loi et à faire comme si cette loi qui n'est qu'une maxime subjective était une règle objective, et parce que l'oubli du « comme si » est une tentation naturelle de la raison, l'autonomie ne peut jamais être un fait accompli mais seulement un processus infini, une exigence toujours à reprendre en un auto-examen critique qui est une réinstitution permanente de la raison comme autonomie »[304]). Réfléchir sur la fondation transcendantale de la pensée, ce serait donc « réfléchir » (au sens du jugement réfléchissant) sur ce « lieu [...] transcendantal [...] en lequel la

[302] Cf. R. Bubner, « L'autoréférence comme structure des arguments transcendantaux », *Les Études philosophiques*, n° 4/1981, p. 387-389.

[303] A.-M. Roviello, *L'institution kantienne de la liberté*, *o.c.*, p. 39.

[304] *Ibid.*, p. 37.

pensée s'est donné l'autonomie pour principe »[305], c'est-à-dire sur l'origine même de la « liberté » (cf. *infra* III).

*

* *

Mais poursuivons notre exploration du « schématisme » propre au système des pouvoirs de l'esprit et considérons plus particulièrement le pouvoir de désirer (la « pensée » du domaine pratique de la philosophie). Nous nous proposons de montrer les différentes opérations « schématisantes » mises en œuvre par la *pensée* pratique (pensée de la loi morale comme « fait de la raison » suscitant le « respect », typique du jugement pratique pur) et en quoi ces opérations, en s'articulant, dévoilent la possibilisation transcendantale d'une *action* morale, c'est-à-dire d'une expression de la loi morale dans le temps.

*

La loi morale est pensée comme un « fait de la raison »[306] (elle « nous est donnée en quelque sorte comme un fait de la raison pure », écrit Kant[307]). Cette notion de « fait de la raison » « joue le rôle d'une intuition, écrit A. Renaut, et fait en sorte que le concept [de liberté] acquiert une signification – avec pour limite, bien évidemment, que ce *factum rationis* n'est pas véritablement une intuition, donc que la réalité du concept ne sera pas celle d'une existence empiriquement déterminée : parce que cette réalité ne peut être construite dans l'intuition, le concept n'a « aucune signification théorique déterminée » – mais pour autant, bien qu'il ne possède point l'objectivité théorique (ce qui supposerait sa présentation dans l'intuition), il a néanmoins une signification pratique, dans la mesure où il trouve dans le devoir la matière dont il est pour ainsi dire la forme nécessaire [...] [La] notion [de liberté] [...] trouve, dans la conscience de la loi [comme « fait de la raison »], l'analogue d'une expérience qui la remplit et lui donne donc une « réalité

[305] *Ibid.*, p. 41.
[306] Kant, *CRPr*, AK. V, 31, *o.c.*, p. 127.
[307] *Ibid.*, AK. V, 47, *o.c.*, p. 148.

pratique indubitable » »[308]. Ainsi, la pensée d'un « fait de la raison » « rend » « représentable » le concept de liberté, étant entendu que ce « fait » (comme « Idée de la raison », c'est-à-dire « chose en soi ») « n'est susceptible d'aucune présentation dans l'intuition »[309]. La signification de la pensée pratique lui vient alors non pas des « conditions de la sensibilité »[310], c'est-à-dire d'une intuition (elle n'est pas produite par un « schématisme » de l'entendement pur), mais de « la forme d'une volonté pure, donnée avec la raison [« donnée comme « fait de la raison » », précise J.-P. Fussler] »[311].

Si Kant « [reconnaît] une présence de la raison [donc de la liberté] dans un « fait » », il « [ne] prétend [pas] légitimer cette présence à partir d'une empiricité », mais il « [prend] le « fait » en sa valeur d'indice du réel », F. Marty précisant qu'il faut apprécier cette factualité comme « affirmation » d'une « réalité » ayant « un autre statut » que la réalité empirique[312]. La « réalité » de « l'Idée de la liberté » comme « fait », « en tant qu'espèce particulière de la causalité (dont le concept serait transcendant du point de vue théorique), se peut montrer, écrit Kant, par des lois pratiques de la raison pure et, conformément à celles-ci, dans des actions effectives, par conséquent dans l'expérience »[313]. « Le problème de la liberté effective [« factualité (effectivité) »] est donc la monstration de son effectivité. Toutefois, avertit Heidegger, un tel problème ne consiste nullement à dénicher un simple cas d'être-libre effectif rencontrable dans l'expérience, mais à mettre en lumière (*aufweisen*) le mode d'effectivité de la liberté »[314]. C'est en tant que nous « voulons effectivement »,

---

308 A. Renaut, *Kant aujourd'hui*, *o.c.*, p. 177.

309 Kant, *CJ*, AK. V, 175, *o.c.*, p. 153, et AK. V, 468, *o.c.*, p. 468.

310 Kant, *CRP*, AK. III, 139/IV, 104, *o.c.*, p. 229.

311 Kant, *CRPr*, AK. V, 66, *o.c.*, p. 172 ; le passage entre crochets se situe dans la note 220, p. 361.

312 Cf. F. Marty, « L'*Opus postumum* kantien, une quatrième Critique ? », *o.c.*, p. 145.

313 Kant, *CJ*, AK. V, 468, *o.c.*, p. 468-469.

314 Heidegger, *De l'essence de la liberté humaine*, *o.c.*, p. 251 ; le passage entre crochets se situe à la page 250.

c'est-à-dire que nous voulons notre « devoir », « l'effectivité du vouloir [étant] seulement dans le vouloir de cette effectivité », que « l'idée de liberté peut, écrit Heidegger, se laisser exposer [« montrer », cf. *supra*] dans l'expérience »[315]. Ainsi est mise au jour l'essence de la « raison *pratique* [nous soulignons] » comme « volonté pure », c'est-à-dire raison « qui détermine son propre vouloir », qui « se détermine [...] à l'agir volontaire » (Heidegger)[316].

La « causalité empiriquement inconditionnée » (comme pouvoir « pratique » (cf. *supra*) de la loi morale) a « une application effectivement-réelle, écrit Kant, qui se laisse présenter *in concreto* dans des résolutions ou des maximes, c'est-à-dire une réalité pratique qui peut être indiquée »[317]. Cette « présentation, commente J.-P. Fussler, a lieu dans l'élément du sentiment, avec le respect »[318]. La « signification » de la pensée pratique lui vient donc de la « forme d'une volonté pure »[319] (cf. *supra* ce II), (cette pensée de la) « forme » (étant) indissociable (de la pensée) du respect comme « ressort » (*Triebfeder*) « de l'agir »[320]. L'Idée de la raison qu'est l'Idée de liberté (cf. *supra*) est pensée comme « fait de la raison », c'est-à-dire « forme d'une volonté pure » – factualité = effectivité (cf. *supra*) –, cette pensée de la volonté, soit de la « résolution » (cf. *supra*), ayant « lieu » (au sens de la « présentation ») dans le sentiment du respect (ce qui « garantit, écrit J.-P. Fussler, la signification de la connaissance pratique »[321]). Peut-on penser cette « présentation » comme « schématisante » ?

*

La loi morale est « [appliquée] [...] au sujet et à sa sensibilité »[322] : tel est l'objet de ce que Kant nomme,

---

[315] *Ibid.*, p. 266, 268, 250.
[316] *Ibid.*, p. 257, 259, 256.
[317] Kant, *CRPr*, AK. V, 56, *o.c.*, p. 160.
[318] J.-P. Fussler, *in* Kant, *CRPr*, *o.c.*, note 220, p. 362.
[319] Kant, *CRPr*, AK. V, 66, *o.c.*, p. 172.
[320] J.-P. Fussler, *in* Kant, *CRPr*, *o.c.*, Introduction, p. 50.
[321] *Ibid.*, note 220, p. 362.
[322] Kant, *CRPr*, AK. V, 32, *o.c.*, p. 105.

« simplement pour les besoins de l'analogie » avec la première *Critique*, l'« esthétique de la raison pratique pure », laquelle traite de la « sensibilité » au sens non pas d'une « capacité d'intuition », mais d'un « sentiment », le « sentiment moral » qui s'origine dans l'« influence nécessaire, qui a à être connue *a priori* », de la « raison pratique pure sur [...] [la sensibilité] »[323]. Ainsi, la « présentation » de la loi morale « a lieu » dans ce « sensible pur » qu'est le « respect », « sensible pur » qui « n'est pas, souligne J.-P. Fussler, réductible à l'intuition pure [du temps] »[324]. En effet, l'Idée de liberté n'est pas « présentée » dans l'intuition pure, la « forme de la volonté pure [venant] en lieu et place de l'intuition pure »[325]. La loi morale n'est donc pas « schématisée » au sens du « schématisme » de l'entendement pur.

Certes, le sentiment du respect est une « présentation » de la loi morale (cf. *supra* ce II). Pourtant, le respect n'est en rien « l'intuition » qui « correspond » à (c'est-à-dire qui « [présenterait] la réalité objective » de) l'Idée de liberté, la « présentation » « schématisante » d'une Idée étant « impossible » : le sensible pur qu'est le respect ne « rend » pas « sensible » la loi morale au sens de la *Versinnlichung* de l'hypotypose schématique (ni d'ailleurs au sens de celle de l'hypotypose symbolique, cf. *supra* ce II)[326]. Si le sentiment du respect rend « sensible » l'Idée de liberté, c'est dans le sens d'une « sensibilité » propre à l'« esthétique de la raison pratique pure », c'est-à-dire, comme le propose F. Marty, d'une sensibilité « [transfigurée] », « transfiguration [...] qui se produit quand un être libre est aussi un être sensible »[327]. Il y a donc bien « passage au sensible », c'est-à-dire « passage dans le temps », et, en ce sens, « la théorie de l'affect » qu'est le respect « rejoint le

---

323 *Ibid.*, AK. V, 90, *o.c.*, p. 203.

324 J.-P. Fussler, *in* Kant, *CRPr*, *o.c.*, note 220, p. 362.

325 *Ibid.*

326 Kant, *CJ*, AK. V, 351, *o.c.*, p. 340.

327 F. Marty, « Raison pure, raison affectée. A propos de l'affectivité chez Kant », *Épokhè* 2, Millon, Grenoble, 1991, p. 21.

schématisme » (cf. F. Marty)[328]. Mais ce « rapport au temps, intrinsèque [...] à l'affectivité [comme sentiment du respect] »[329] n'est pas un rapport à l'intuition au sens du schématisme de l'entendement pur.

Le « schématisme » pratique est un « schématisme » de l'« analogie » (cf. *supra* ce II). Ce qui confère aux catégories de la liberté leur « signification », ce n'est pas un rapport à une « intuition possible pour nous », comme c'est le cas pour les catégories de l'entendement pur ; les catégories de la liberté « possèdent [...] comme leur fondement [...] la forme d'une volonté pure », laquelle est l'homologue pratique de ce qu'est, dans le domaine théorique, la « forme de l'intuition »[330]. Ainsi, la « forme de la volonté pure » comme « fait de la raison », le « sensible pur » comme sentiment du respect sont des « analogues » de ce « fondement »[331] de toute intuition déterminée qu'est l'intuition pure du temps.

Par ailleurs, la représentation du respect, comme production d'un contenu pensé ayant, comme tel, son « reflet » (cf. *supra* ce II) dans le sens interne, s'opère dans l'intuition pure, transcendantale, du temps.

Comment donc penser la relation entre la liberté pratique et le « temps » (de l'architectonique) ? Comment l'Idée de liberté se temporalise-t-elle dans la pensée pratique (notamment dans la typique de la faculté de juger pratique pure) ? De là, nous tenterons de concevoir, dans le prochain chapitre, la « liberté » de la pensée, et ce, à partir de l'architectonique des diverses manifestations de la notion de « liberté », mais aussi ce qu'il en est du rapport entre la « liberté » et le « temps » de (et dans) l'architectonique critique.

*

Notre recherche sur le « schématisme » pratique (et la question du passage de la liberté à la nature) nous conduit à

---

328 *Ibid.*, p. 16.
329 *Ibid.*
330 Kant, *CRPr*, AK. V, 65-66, *o.c.*, p. 172.
331 Kant, *CRP*, AK. IV, 37, *o.c.*, p. 127.

considérer, à présent, le problème de l'« application » de la loi morale « à des objets » (« rapport de la volonté à l'action », c'est-à-dire à un « objet » comme « effet possible par liberté »)[332], ce qui requiert une « typique du jugement pratique pur ».

La « loi morale [...] exige, écrit F. Marty, que soit cherchée son expression dans le monde sensible, ce dont la typique du jugement pratique pur est le témoin essentiel »[333]. La raison pratique est « transcendantale » en ce qu'elle « contient [...] des principes de la possibilité [...] d'actions qui, conformément aux prescriptions morales, pourraient être trouvées dans l'histoire de l'être humain »[334], cette transcendantalité pratique, qui fonde le rapport de la loi morale à ce qui *doit* être *dans le temps*, devant être distinguée des « conditions naturelles [...] de l'exécution de [...] [l']intention »[335]. La typique du jugement pratique pur a pour fonction de juger si « une action, possible pour nous dans la réalité sensible, est ou non le cas soumis à la règle »[336] – ce qui « équivaut à s'interroger sur [...] [la] capacité [des maximes] à former une nature au sens de la forme de la nature » (A. Renaut)[337]. L'entendement (comme l'écrit A. Renaut, la « présentation » « intervient [...] ici [...] dans un concept (celui de la nature au sens formel) »[338] ; or, l'entendement est la « faculté des concepts »[339] ; ainsi, la « faculté qui fournit le type [...] est, souligne J.-P. Fussler, [...] l'entendement, source des lois de la nature »[340]), l'entendement, disons-nous, s'articule alors à la faculté de juger (comme « pouvoir de subsumer sous des règles, c'est-à-dire de distinguer si quelque chose s'inscrit ou

[332] Kant, *CRPr*, AK. V, 32 et 57, *o.c.*, p. 105 et 162.
[333] F. Marty, *La naissance de la métaphysique chez Kant*, *o.c.*, p. 502.
[334] Kant, *CRP*, AK. III, 524, *o.c.*, p. 659.
[335] Kant, *CRPr*, AK. V, 116, *o.c.*, p. 172.
[336] *Ibid.*, AK. V, 67, *o.c.*, p. 175.
[337] A. Renaut, *Kant aujourd'hui*, *o.c.*, p. 311.
[338] *Ibid.*, p. 310.
[339] Kant, *Logique*, AK. IX, 36, *o.c.*, p. 38.
[340] J.-P. Fussler, *in* Kant, *CRPr*, *o.c.*, note 231, p. 369.

non sous une règle donnée »[341]) et à l'imagination transcendantale, puisque le « type » est une « image » (*Bild*) (comme il ressort de l'analyse kantienne de l'Idéal transcendantal (dans la première *Critique*) pensé comme *prototypon* (*Urbild*), c'est-à-dire « image originale »[342], cf. *supra* ce II), « image » qui doit s'entendre dans le sens d'une « vue pure » que « fournit » le « temps » (cf. Heidegger *supra* ce II), « vue » qui « présente » ce que F. Marty caractérise comme un « procédé de discernement, discursif »[343], « image » qui n'est en rien un « schème » (« La loi, écrit F. Proust, […] n'a pas besoin de schème […] parce que le schème est « une détermination du temps » […] [et que la] loi n'est pas affectée par le temps »[344] ; ainsi, la « faculté qui fournit le type n'est plus l'imagination productrice des schèmes »[345], mais l'entendement, cf. *supra* J.-P. Fussler), mais un « symbole »[346] (avec cette « différence », souligne F. Marty, que « le « type » [est], dans son ensemble, un procédé de discernement, discursif, par conséquent, le symbole proprement dit étant du côté de l'intuitif »[347] (Kant précise, en effet, que la « dimension intuitive de la connaissance doit être opposée à la dimension discursive (et non pas à la dimension symbolique). La première est en effet soit schématique par démonstration, soit symbolique comme présentation selon une simple analogie »[348], cf. *supra* ce II)).

« Il est […] permis, écrit Kant, d'employer la *nature* du *monde sensible comme type* d'une *nature intelligible*, à la condition que je ne transpose pas à celle-ci les intuitions et ce qui en dépend, mais que je me contente d'y rapporter la forme de la conformité à la loi en général »[349]. Comment, en effet, concevoir

[341] Kant, *CRP*, AK. III, 131/IV, 96, *o.c.*, p. 221.
[342] *Ibid.*, AK. III, 389, *o.c.*, p. 521.
[343] F. Marty, *La naissance de la métaphysique chez Kant*, *o.c.*, p. 260.
[344] F. Proust, *Kant le ton de l'histoire*, *o.c.*, p. 24-25.
[345] J.-P. Fussler, *in* Kant, *CRPr*, *o.c.*, note 231, p. 369.
[346] Kant, *CRPr*, AK. V, 70, *o.c.*, p. 179.
[347] F. Marty, *La naissance de la métaphysique chez Kant*, *o.c.*, p. 260.
[348] Kant, *CJ*, AK. V, 352, *o.c.*, p. 341.
[349] Kant, *CRPr*, AK. V, 70, *o.c.*, p. 178.

un « monde intelligible », sinon par analogie avec le « monde sensible » ? Le « problème [de la typique] équivaut, au fond, écrit A. Renaut, […] à trouver un terme commun à la nature […] et à la liberté », ce terme commun se révélant être la « forme de la conformité à la loi [qui] définit à la fois ce que Kant appelle la nature au sens formel […] et l'objectivité pratique [« conformité des maximes […] à des lois »] »[350]. Il s'agit alors de penser l'applicabilité de la loi morale dans le monde sensible, donc la possibilisation du concept du bien, ce qui requiert de « donner au monde sensible, dès lors qu'il est celui de l'homme libre, la « forme d'un monde intelligible ». En lui se lit la tâche d'une liberté, dont l'effet appartient à l'espace et au temps. Kant parle une fois, pour cela, de « symbole ». Si ce monde sensible est celui d'une liberté, il faut qu'il puisse jusqu'au bout être empreint de raison ; il faut que le « souverain bien » soit possible en lui. Sous cette exigence, ce monde sensible se transforme en création, dépendant d'un « auteur moral » » (F. Marty)[351].

Ainsi, le type doit être conçu comme un « symbole », cette « notion de symbole [permettant] de penser ce que le type permet de réaliser » (J.-P. Fussler)[352]. La typique se présente donc comme un « schématisme » de l'« analogie » (cf. *supra* ce II) ayant pour fonction de « nous [aider] à agir » (cf. J.-P. Fussler)[353].

Mais pourquoi alors Kant ne désigne-t-il pas la typique comme un « schématisme de l'analogie » au sens défini dans l'ouvrage *La religion dans les limites de la simple raison*[354] ? Il est question, dans cet écrit sur la religion, de la nécessité pour la pensée (finie) de « recourir […], pour nous rendre concevables des propriétés suprasensibles […] à une certaine analogie avec les êtres de la nature »[355] ; plus précisément, Kant parle de

---

[350] A. Renaut, *Kant aujourd'hui*, *o.c.*, p. 309-310.
[351] F. Marty, *La naissance de la métaphysique chez Kant*, *o.c.*, p. 517.
[352] Cf. Kant, *CRPr*, AK. V, 70, *o.c.*, p. 179, et J.-P. Fussler, *in* Kant, *ibid.*, note 241, p. 371.
[353] *Ibid.*, note 231, p. 369.
[354] Kant, *La religion dans les limites de la simple raison*, AK. VI, 80, *o.c.*, p. 101-102.
[355] *Ibid.*, p. 101.

« l'amour sacrificiel du Christ des Évangiles » (P. Ricœur)[356]. Et pourquoi la notion de « fait de la raison », qui pourtant donne « signification » au concept de liberté, exerçant ainsi une fonction analogue à celle de l'intuition pour les concepts théoriques (cf. *supra* ce II), pourquoi cette notion, disons-nous, n'est-elle pas expressément désignée comme s'inscrivant dans un « *schématisme* » de l'« analogie » ? De même s'agissant du respect comme « sensibilité » pure, affect transcendantal : le respect ne rend-il pas « sensible » la loi morale (« schématisation ») quoique dans un sens seulement analogue à la *Versinnlichung* « schématisante » dans le domaine théorique (cf. *supra* ce II) ? Pourquoi donc Kant ne s'exprime-t-il pas, au niveau de la deuxième *Critique*, dans ces termes-là ?

Il est en tout cas, selon nous, légitime de parler d'un « schématisme » pratique, étant entendu que « schématiser » est alors défini, comme le précise Kant dans l'ouvrage sur la religion, comme une méthode visant à « rendre un concept intelligible par une *analogie* [nous soulignons] avec quelque chose de sensible »[357]. De même, en effet, que Kant dénonce toute « [transformation] » du « schématisme de l'analogie » en un « schématisme de la détermination de l'objet (pour étendre notre connaissance) », ce qui aurait pour effet de produire une christologie « [anthropomorphique] »[358], œuvre de la *Schwärmerei*, de même il dénonce toute transformation de la typique en « schématisation » (au sens du « schématisme » de l'entendement pur), transformation qui serait l'expression d'un « mysticisme de la raison pratique »[359] ; de la même manière, seraient inadmissibles la pensée du « fait de la raison » comme empiricité et l'idée du respect comme sentiment psychologique, sensibilisation empirique de la loi morale.

---

[356] P. Ricœur, *Lectures* 3, *o.c.*, p. 31.

[357] Kant, *La religion dans les limites de la simple raison*, AK. VI, 80, *o.c.*, p. 102.

[358] *Ibid.*, p. 101-102.

[359] Kant, *CRPr*, AK. V, 70, *o.c.*, p. 179.

Reconnaissons toutefois que le « schématisme » est encore pensé, dans la deuxième *Critique*, exclusivement comme un « schématisme » de l'entendement pur. Kant écrit alors, en effet, que la « typique [...] préserve [...] du mysticisme de la raison pratique, lequel transforme en *schème* ce qui ne servait que de *symbole* »[360]. Dans la troisième *Critique*, Kant insiste de nouveau sur la distinction entre l'« hypotypose » « schématique » (à concevoir dans le sens du « schématisme » catégorial) et l'« hypotypose » « symbolique »[361]. Pourtant, Kant conçoit alors la « schématisation » comme premier moment de la démarche « symbolique », la production du « symbole » étant pensée comme l'œuvre d'une « analogie » (cf. *supra* ce II). Kant montre ainsi clairement, dans ce paragraphe 59 de la troisième *Critique*, ce que signifie un « schématisme de l'analogie » (le « symbolisme » est pensé comme tel), ce concept apparaissant en termes exprès dans le texte sur la religion, publié trois ans après la *Critique de la faculté de juger*. Nous reconnaissons donc l'effectivité d'un « schématisme de l'analogie » dans la pensée pratique.

Le « schématisme » peut alors se concevoir, dans son acception la plus large, comme incluant en les articulant le « schématisme » catégorial, le « schématisme » de l'Idée architectonique, le « schématisme de l'analogie », mais aussi le « schématisme » esthétique (cf. *infra* ce II). Ainsi, la notion de « schématisme » signifie, dans le sens le plus large, la « phénoménalisation », c'est-à-dire le « passage au sensible » (cf. *supra* ce II), soit le passage *dans* le temps ou, dans le domaine pratique, la condition transcendantale de ce passage. La pensée, en sa finitude, n'est donc autre que du « temps » visant à se rendre « sensible » (au sens le plus large de ce terme, cf. *supra* ce II) au moyen des « schèmes » (là encore, dans l'acception la plus large du « schématisme », cf. *ibid.*).

Rappelons, à ce propos, que la loi morale, en tant que contenu pensé, ne serait pas représentable si ne s'exerçait le

---

360 *Ibid.*

361 Kant, *CJ*, AK. V, 351-352, *o.c.*, p. 340-341.

« schématisme » de l'Idée architectonique (cf. *supra* ce II). Ainsi, les théories de la « signification » pratique, du « sensible pur », de la typique (cf. *supra* ce II) doivent *toujours* se penser dans leur articulation fondationnelle au « schématisme » architectonique. Quoique Kant, absorbé par son objet (penser le domaine pratique), passe sous silence l'effectivité du « schématisme » « métaphysique », ce « schématisme » œuvre pourtant comme condition de possibilité de la « donation » du contenu pensé, c'est-à-dire comme possibilisation du passage de l'acte transcendantal de la « pensée » au « réfléchir » que cet acte « inclut » et qui « ne peut se produire que dans le temps »[362]. L'effectivité du « schématisme » architectonique est laissée dans l'ombre à proportion de la mise en lumière du contenu pensé (et réciproquement, à mesure que l'effectivité architectonique est mise en lumière, la représentation du contenu reste dans l'ombre). Notre effort vise précisément à mettre au jour la possibilisation transcendantale de toute représentation, et ce, alors même que l'effectivité du penser s'« éclipse » (pour reprendre un terme de F. Pierobon) quand l'esprit s'applique à la seule représentation (et réciproquement : F. Pierobon parle, à ce propos, d'une « éclipse réciproque »[363] caractéristique, selon lui, du travail de la pensée dans l'architectonique critique) : nous avons reconnu ailleurs [364] dans la raison d'être de cette « éclipse réciproque » l'essence même du transcendantalisme criticiste, c'est-à-dire l'essence de la possibilisation transcendantale de la finitude de notre pensée.

Mais si le « schématisme », en son acception la plus large, peut être défini comme le procédé par lequel la pensée se temporalise, que signifient au juste (ce que nous avons estimé devoir appeler) le « schématisme » pratique (en son articulation au « schématisme » architectonique) et, plus largement, les

---

362 Kant, *La fin de toutes choses*, AK. VIII, 334, *o.c.*, p. 117.

363 F. Pierobon, *Kant et la fondation architectonique de la métaphysique*, *o.c.*, p. 135.

364 Cf. notre ouvrage *L'expérience kantienne de la pensée. Réflexion et architectonique dans la Critique de la raison pure*, L'Harmattan, Paris, 2001, p. 333 sq., 361-364.

diverses formes de « schématisation » à l'œuvre dans l'architectonique ? En vérité, cela même qui est pensé dans le « schématisme » pratique n'est autre que le passage de la « liberté » (au sens de la philosophie pratique) à la « nature », soit le problème de la fondation transcendantale du passage à l'empirique, c'est-à-dire de la réalisation de la loi morale dans le monde (cf. *supra* ce II). Mais qu'en est-il au niveau de la pensée qui met en œuvre ce « schématisme » pratique ? Nous montrerons dans le chapitre suivant que la pensée doit s'interpréter comme temporalisation de la « liberté » même (de l'« esprit »). Mais en quel sens faut-il entendre alors cette « liberté » (du penser) qui « inclut » un « réfléchir » temporel (cf. *supra* ce II) ?

Nous ne pourrons traiter cette question qu'une fois explorée l'architectonique des « temporalisations » de la pensée critique, l'objet du présent chapitre étant de montrer ce qu'est, chez Kant, la notion de « schématisme » dans son acception la plus large et ce qu'elle signifie. Peut ainsi être mise au jour la résolution kantienne de situer le « temps » (le passage au « temps », la fondation transcendantale de la temporalisation) au cœur de la pensée (finie), c'est-à-dire au cœur même de la « liberté » du sujet pensant (de l'« esprit » – « *mens* » –, cf. *infra* III). Nous viserons à déterminer, dans le prochain chapitre, la nature de la relation intrinsèque de la « liberté » de la pensée (criticiste) au « temps »…

A ce stade de notre recherche, nous comprenons donc qu'il est inexact de limiter la notion de « schématisme » chez Kant au « schématisme » catégorial, comme le font, chacun à sa manière, Cassirer et Heidegger. Le premier souligne, d'ailleurs à juste titre, que « le schématisme [entendons : catégorial], replacé dans l'ensemble de l'œuvre de Kant, ne traite pas de l'homme en sa totalité »[365]. Jamais toutefois il ne reconnaît chez Kant un « schématisme » pratique (au sens du « schématisme de l'analogie »), se situant au niveau, qu'il faut selon nous « dépasser » architectoniquement, d'une opposition absolue, en

[365] J. Rivelaygue, *Leçons de métaphysique allemande* II, *o.c.*, p. 376-377.

son principe, de l'être et du devoir-être (cf. *infra* III). Quant au second, il « [part] de la conscience de soi pratique du moi agissant pour remonter aux conditions de possibilité du moi pratique et y découvrir l'imagination transcendantale [donc le schématisme catégorial] »[366] : l'imagination est, en effet, « un acte à la fois récepteur et créateur (spontané) »[367] ; or, « [mon] respect à l'égard de la loi me soumet à moi-même »[368] (« en se soumettant à la loi, le moi se réalise comme personne, comme moi pratique ; il y a, à la fois, soumission et production »[369]) ; il est donc manifeste que « la structure essentielle du respect fait apparaître en elle-même la nature originelle de l'imagination transcendantale »[370]. S'agissant de cette interprétation heideggerienne, est-il légitime de penser que, « si la raison finie est réceptive en sa spontanéité même et, pour cela, dérive de l'imagination transcendantale, la raison pratique se fonde nécessairement sur cette dernière »[371], étant entendu que « l'homme est aussi défini [par Kant] comme liberté et [que], en tant que sujet libre, il n'est pas soumis à la finitude et au temps » (J. Rivelaygue rend compte ici de la thèse de Cassirer)[372] ? A la vérité, si l'on reconnaît que la structure du respect est *analogue* à celle de l'imagination transcendantale (donc à celle du schématisme catégorial), il est alors possible d'ouvrir la perspective d'un élargissement de la notion de « schématisme » dans le sens d'un « schématisme de l'analogie » (à concevoir nécessairement – cf. *supra* ce II – en son articulation au « schématisme » de l'Idée architectonique). Certes, Heidegger ne s'oriente pas dans cette direction. Toutefois, n'est-ce pas à cette condition que son interprétation pourrait échapper à la critique que lui adresse Cassirer, selon lequel « il n'y a pas de

---

[366] *Ibid.*, p. 430.
[367] Heidegger, *Kant et le problème de la métaphysique*, *o.c.*, p. 187.
[368] *Ibid.*, p. 216.
[369] J. Rivelaygue, *Leçons de métaphysique allemande* II, *o.c.*, p. 430.
[370] Heidegger, *Kant et le problème de la métaphysique*, *o.c.*, p. 216.
[371] *Ibid.*, p. 213.
[372] J. Rivelaygue, *Leçons de métaphysique allemande* II, *o.c.*, p. 373.

schématisme pour la raison pratique », la lecture de Heidegger « [aplatissant] [...] l'homme à la dimension temporelle », « [finitisant] la raison pratique »[373] ? Ainsi, n'est-il pas légitime de concevoir la pensée de la transcendantalité pratique comme temporalisation (cf. *supra* ce II) et la transcendantalité pratique elle-même comme liée au « temps » (la relation intrinsèque de la loi morale et du « temps » est inscrite au cœur de la pensée pratique, puisqu'il y va de l'exigence morale d'une effectivité de l'action morale dans le monde : ainsi, comme l'écrit Kant dans la troisième *Critique*, « il se trouve [...], parmi les faits, une Idée de la raison (qui, en soi, n'est susceptible d'aucune présentation dans l'intuition [...]) ; et c'est l'Idée de la liberté, dont la réalité, en tant qu'espèce particulière de la causalité [...], se peut montrer par des lois pratiques de la raison pure et, conformément à celles-ci, dans des actions effectives, par conséquent dans l'expérience »[374] ; Kant « découvre » donc, commente F. Proust, que la « liberté [...] est [...] un *fait* alors que, en toute rigueur, un fait requiert sa présentation dans l'expérience [...] La liberté est un fait d'expérience : non pas un fait empirique, un vécu, un *Erlebnis*, mais un fait pratique, un fait de la pratique »[375] (sur le sens du « pratique », cf. *supra* ce II et *infra* III)) ?

Par ailleurs, peut-on vraiment reprocher à Heidegger, comme le fait Cassirer (nous nous référons ici, une nouvelle fois, au compte rendu de J. Rivelaygue), de ne pas distinguer entre « éthique et psychologie »[376] dans son interprétation du respect comme « « réceptivité » [*Empfänglichkeit*] à l'égard de la loi morale »[377], alors que précisément Heidegger fait « [résider] » « l'essence du « soi pratique » [*Selbst*] » dans « l'aperception pure », insistant sur l'idée que le respect est un « sentiment

[373] *Ibid.*, p. 373, 374, 376.
[374] Kant, *CJ*, AK. V, 468, *o.c.*, p. 468-469.
[375] F. Proust, *in* Kant, *Théorie et pratique*, Introduction, GF Flammarion, Paris, 1994, p. 17.
[376] J. Rivelaygue, *Leçons de métaphysique allemande* II, *o.c.*, p. 374.
[377] Heidegger, *Kant et le problème de la métaphysique*, *o.c.*, p. 214.

pur »[378], c'est-à-dire pensant la loi morale et le respect en leur transcendantalité et donc en aucun cas au niveau d'une conscience « psychologique », « temporelle »[379] ?

Mais revenons précisément à la notion de « schématisme » chez Kant. Il nous apparaît clairement que les diverses acceptions de cette notion se rejoignent toutes dans l'idée, inscrite au cœur du « schématisme » de l'entendement pur, qu'un passage au temporel est à l'œuvre en toute pensée. Le fait que Kant n'utilise que tardivement (en 1794, dans l'ouvrage sur la religion, cf. *supra* ce II) l'expression de « schématisme de l'analogie » ne doit pas nous faire douter – notre recherche vise à l'établir – de l'effectivité « temporalisante » – dans le sens élargi que montre le présent chapitre – de (la « liberté » – cf. *infra* III – de) l'architectonique (dans les usages spéculatif et pratique de la raison).

*

*   *

Cette recherche sur la « reprise transformante » (cf. *supra* ce II) du schématisme transcendantal de l'entendement, il nous faut la poursuivre à hauteur de la troisième *Critique*. L'enjeu de notre projet est, rappelons-le, de montrer comment la (« liberté » – cf. *infra* III – de la) pensée (se) temporalise dans la mise en œuvre de l'Idée architectonique et, de là, de poser le problème de la relation intrinsèque de la « liberté » et du « temps » dans le système critique. Or, la troisième *Critique* propose, dans la perspective du problème de la représentation des contenus de la faculté de juger réfléchissante, une théorie du « schématisme » esthétique. Il nous importe donc d'examiner comment la pensée architectonique, dans la mise en œuvre de sa critique esthétique (réfléchissante), s'articule à un « schématisme » proprement esthétique, « schématisme » « sans concepts »[380], « donc *ipso*

---

[378] *Ibid.*, p. 213 et 215.

[379] J. Rivelaygue, *Leçons de métaphysique allemande* II, *o.c.*, p. 374 et 432.

[380] Kant, *CJ*, AK. V, 287, *o.c.*, p. 271.

facto sans [schèmes] » (O. Chédin)[381] au sens du schématisme de l'entendement pur de la première *Critique*.

S'il ne s'agit plus ici de « procurer à un concept son image », c'est-à-dire de produire « le schème correspondant à ce concept »[382], il ne peut s'agir alors que d'un « schématisme » de l'analogie. Mais ce « schématisme » ne pourrait-il pas également être pensé comme le schématisme de l'entendement pur saisi le plus originairement ? Une réflexion sur ce « schématisme » esthétique ne nous permettrait-elle pas de progresser dans notre recherche sur l'origine (du « temps ») de l'architectonique (comme « liberté », cf. *infra* III) ?

*

Le jugement de goût « [consiste] [...] dans la subsomption de l'imagination [...] sous la condition qui permet que l'entendement en général, à partir de l'intuition, arrive à des concepts [...] La liberté de l'imagination, précise Kant, consiste [...] en ce qu'elle schématise sans concepts [...] il ne s'agit pas de la subsomption des intuitions sous des concepts, mais de celle du pouvoir des intuitions ou des présentations (c'est-à-dire de l'imagination) sous le pouvoir des concepts (c'est-à-dire sous l'entendement), pour autant que le premier en sa liberté s'accorde avec le second en sa légalité »[383]. Ainsi, la « réflexion » esthétique est « schématisante », mais ce « schématisme » est « sans concepts » (« aucun concept de l'objet ne se trouve ici au fondement du jugement »[384]) et, partant, sans schèmes, puisque la production de schèmes par l'imagination suppose des concepts de l'entendement (l'imagination « donne leur schème » aux « concepts »[385]). L'entendement ici ne « préside »[386] donc pas à la « schématisation » de l'imagination.

[381] O. Chédin, *Sur l'esthétique de Kant*, *o.c.*, p. 112.
[382] Kant, *CRP*, AK. III, 135/IV, 101, *o.c.*, p. 226.
[383] Kant, *CJ*, AK. V, 287, *o.c.*, p. 271-272.
[384] *Ibid.*, AK. V, 287, *o.c.*, p. 271.
[385] *Ibid.*, AK. V, 253, *o.c.*, p. 235.
[386] Cf. G. Deleuze, *La philosophie critique de Kant*, *o.c.*, p. 29.

A vrai dire, tout se passe comme s'il s'agissait d'une subsomption de l'« imagination » sous un « schématisme » qui préfigure celui de l'entendement au sens de la première *Critique* (un « schématisme » « antérieur » – au sens de l'antécédence transcendantale – à tout « concept » et à tout « schème »...). L'« imagination » qui « schématise » alors n'est pas l'imagination transcendantale au sens de la première *Critique*, c'est-à-dire l'imagination productrice de schèmes, imagination qui « [procure] à un concept son image », soit « le schème correspondant à ce concept »[387]. Il s'agirait, propose O. Chédin, d'une « imagination [...] [qui] a dû tout d'abord s'offrir d'elle-même à l'entendement ; ce qui oblige enfin à supposer qu'elle a dû s'exercer originairement d'elle-même comme un entendement [...] l'exploration du libre « schématiser » sans concept révèle *in concreto* cette « mimésis » originaire de la fonction intellectuelle par l'imagination » ; la « réflexion » esthétique mettrait au jour, par son exercice même, « l'activité la plus archaïque du pouvoir de représentation », « l'inauguration d'un pouvoir de connaître », les « acteurs » de ce « schématisme » n'étant ni « l'entendement ni l'imagination de la première *Critique* », mais « un pouvoir intellectuel archaïque (pas encore faculté des concepts) et une imagination la plus ancienne (pas encore faculté des images) » : le « schématisme » esthétique serait non pas « variante ou décalque esthétique du schématisme théorique, mais, au contraire, son plus ancien prototype »[388].

Si donc on peut parler légitimement ici de « schématisme », ce serait non seulement parce que ce « schématisme » esthétique a une fonction analogue à celle du schématisme de l'entendement pur, puisqu'il « [harmonise] »[389] les pouvoirs constitutifs du jugement de goût, mais aussi en tant que le « schématisme » esthétique serait, selon la présente hypothèse, le « schématisme » (de l'entendement pur) saisi à son

---

387 Kant, *CRP*, AK. III, 135/IV, 100-101, *o.c.*, p. 225-226.

388 O. Chédin, *Sur l'esthétique de Kant*, *o.c.*, p. 284-282.

389 Kant, *CJ*, AK. V, 219, *o.c.*, p. 197.

niveau transcendantal le plus originaire, le plus « archaïque » (ce que O. Chédin appelle un « « schématiser » originel, d'avant les catégories », soit le « temps « d'avant le schématisme » »[390]).

Le « temps » du jugement de goût est un « temps » purement subjectif, le temps des « conditions subjectives » de « l'exercice des facultés » (G. Deleuze)[391], un temps « hétérogène », comme l'écrit J.-F. Lyotard, au temps de la « connaissance » (objective)[392].

Le « temps » du sentiment (du) sublime, lui aussi purement subjectif et, comme tel, « hétérogène » au temps de la « connaissance » (cf. *supra*), est, quant à lui, un temps de l'« impuissance à synthétiser » (J.-F. Lyotard)[393], c'est-à-dire à « [rassembler] » un « divers » « dans un instant unique » comme « unité absolue » (« synthèse de l'appréhension dans l'intuition »)[394], ce qui suppose[395] l'impuissance à mettre en œuvre les synthèses de la « reproduction dans l'imagination » et de la « recognition dans le concept »[396].

Ainsi, les amorces de temporalité non réglées par des déterminations transcendantales de temps au sens du schématisme de l'entendement pur (déterminations qui « règlent [...] [l']objectivité [du « temps »] pour la connaissance » (O. Chédin)[397]), amorces « schématisantes » esthétiques, peuvent-elles être pensées architectoniquement comme l'origine même du temps (des objets) de l'expérience ? La temporalité toute « subjective » du jugement de goût – ce « temps « sauvage », vierge de toute instruction chronologique qui l'adapte à la connaissance », « temps brut » (O. Chédin)[398] –

---

390 O. Chédin, *Sur l'esthétique de Kant*, *o.c.*, p. 282 et 123.
391 G. Deleuze, *La philosophie critique de Kant*, *o.c.*, p. 70.
392 J.-F. Lyotard, « La réflexion dans l'esthétique kantienne », *Revue Internationale de Philosophie*, 4/1990, n° 175, p. 526.
393 *Ibid.*, p. 527.
394 Kant, *CRP*, AK. IV, 77, *o.c.*, p. 179.
395 Cf. O. Chédin, *Sur l'esthétique de Kant*, *o.c.*, p. 28.
396 Cf. J.-F. Lyotard, « La réflexion dans l'esthétique kantienne », *o.c.*, p. 527.
397 O. Chédin, *Sur l'esthétique de Kant*, *o.c.*, p. 123.
398 *Ibid.*

serait-elle le « plus ancien prototype » (suivant l'expression de O. Chédin[399]) du temps « objectif » de la connaissance ?

De même y a-t-il « schématisation » dans le jugement sublime, puisque, s'il est vrai que « l'effort de l'imagination en vue de traiter la nature comme un schème pour [...] [les Idées] »[400] est impuissant et « vain »[401] (dans la mesure où « toute la puissance de l'imagination [...] [est] [...] inadéquate aux Idées de la raison »[402]), le « jeu subjectif des facultés de l'esprit (imagination et raison) » est toutefois pensé comme « harmonieux jusque dans leur contraste »[403] (l'effort de l'imagination est, en effet, « une présentation de la finalité subjective de notre esprit [...] pour sa destination suprasensible »[404] ; « imagination et raison produisent à travers leur conflit une [...] finalité [« subjective des facultés de l'esprit »] »[405]). Le jugement sublime « schématise » donc et ce qui apparaît, du point de vue du schématisme de l'entendement pur, comme un défaut de temporalisation est, en vérité, une temporalisation proprement architectonique, c'est-à-dire « [congruente] avec [...] [le] but [de l'architectonique] »[406]. Or, cette temporalité (du) sublime ne fonde-t-elle pas, comme condition possibilisante (au sens d'une antécédence transcendantale à concevoir ici dans la perspective « réfléchissante » de la téléologie architectonique), la constitution – épigénétique, cf. *supra* ce II – du « temps sériel des conditions de déterminations » (J.-F. Lyotard)[407] ?

Par ailleurs, la « réflexion » esthétique du goût – pour revenir à elle – ne nous ferait-elle pas « ressentir concrètement, dans l'harmonie des pouvoirs de connaître, une sorte

---

[399] *Ibid.*, p. 282.

[400] Kant, *CJ*, AK. V, 265, *o.c.*, p. 247.

[401] *Ibid.*, AK. V, 267, *o.c.*, p. 251.

[402] *Ibid.*, AK. V, 256, *o.c.*, p. 238.

[403] *Ibid.*, AK. V, 258, *o.c.*, p. 240.

[404] *Ibid.*, AK. V, 267, *o.c.*, p. 251.

[405] *Ibid.*, AK. V, 258, *o.c.*, p. 240-241.

[406] Cf. Kant, *CRP*, AK. III, 539, *o.c.*, p. 674.

[407] J.-F. Lyotard, « La réflexion dans l'esthétique kantienne », *o.c.*, p. 526.

d'architectonique primitive et spontanée (sans architecture déterminée) où s'entame la possibilité d'une « architectonique » de toute la connaissance » (O. Chédin)[408] (et, de fait, l'architectonique est pensée comme harmonie, comme en témoigne ce passage de la première *Critique* dans lequel il est question des systèmes qui « se trouvent tous [...] unis entre eux de façon finalisée dans un système de la connaissance humaine »[409]) ? La « réflexion » esthétique « [inaugurerait] »-elle « le pouvoir de juger même (subsumer des intuitions sous des concepts) » (O. Chédin)[410] ? « L'appréhension du beau » « [ferait] »-elle « s'exercer les facultés comme « à vide », effectuant ainsi l'acte fondateur d'une puissance de connaître : l'accord entre un pouvoir des images et un pouvoir des règles, qui fait la substance même du jugement réfléchissant [de goût] » (*ibid.*)[411] ?

Dans cette perspective, F. Proust propose que « le sens commun esthétique [...] précède les deux autres sens communs [logique et moral], comme un accord libre et non réglé rend possible un accord réglé et déterminé, comme l'instituant précède l'institué ou l'acte sa puissance »[412] (thèse également soutenue par G. Deleuze, pour qui « jugement déterminant et jugement réfléchissant ne sont pas comme deux espèces d'un même genre. Le jugement réfléchissant [esthétique] manifeste et libère un fond qui restait caché dans l'autre. Mais l'autre, déjà, n'était jugement que par ce fond vivant »[413]).

Mais, à la vérité, il est également possible de penser la réflexion esthétique (du goût) comme étant « au-delà du vrai (le théorique) », et ce, à supposer que « l'harmonie des facultés préfigure l'architectonique de *toutes* [nous soulignons] les

[408] O. Chédin, *Sur l'esthétique de Kant*, *o.c.*, p. 231.
[409] Kant, *CRP*, AK. III, 540, *o.c.*, p. 676 (référence citée par O. Chédin, *Sur l'esthétique de Kant*, *o.c.*, p. 231-232, dans la traduction A. Tremesaygues et B. Pacaud aux Presses Universitaires de France).
[410] O. Chédin, *Sur l'esthétique de Kant*, *o.c.*, p. 232.
[411] *Ibid.*, p. 182.
[412] F. Proust, *Kant le ton de l'histoire*, *o.c.*, p. 265.
[413] G. Deleuze, *La philosophie critique de Kant*, *o.c.*, p. 87 et p. 71-72.

connaissances » (O. Chédin)[414]. Quant à la temporalisation (du) sublime, n'est-elle pas la temporalisation de l'(Idée) architectonique elle-même en son effort pour expérimenter ses propres limites (formes *a priori* de l'esprit, Idéal transcendantal, postulats de la raison pratique pure, pensée « symbolique » du suprasensible), l'« emportement » de la pensée architectonique, qui lui fait « [toucher] [...] à l'absolu de [...] [ses] conditions » (J.-F. Lyotard)[415], demeurant, en tant qu'architectonique, toujours « sublime », précisément en ce qu'il n'a rien d'*Ungeheuer*[416] (il concorde avec l'Idée de « notre destination suprasensible »[417]) ? La temporalisation sublime n'est-elle donc pas le « foyer archaïque » (pour reprendre une expression de O. Chédin[418]) de l'architectonique tout entière ?

Nous nous proposons, à présent, de montrer que cette hypothèse d'une fondation de l'architectonique dans la « schématisation » esthétique s'inscrit, et doit donc être appréciée, dans la perspective d'une critique de la faculté de juger téléologique. La « réflexion » (au sens du jugement « réfléchissant ») téléologique (envisagée ici en sa dimension strictement esthétique) a une fonction « critique »[419] et, à ce titre, elle nous permet de repenser le plus originairement (nous situant en un « lieu » de recommencement possible du discours critique) l'archéologie du transcendantalisme. Ainsi, la fondationalité architectonique du (et comme) « schématisme » esthétique ne peut se concevoir que sur le mode du jugement réfléchissant : cette hypothèse archéologique transcendantale ne vaut que dans la perspective réfléchissante d'une pensée du *telos*, pensée qui se révèlera être celle du passage de la liberté à la nature.

---

[414] O. Chédin, *Sur l'esthétique de Kant*, *o.c.*, p. 232.
[415] J.-F. Lyotard, *Leçons sur l'Analytique du sublime*, Galilée, Paris, 1991, p. 76.
[416] Kant, *CJ*, AK. V, 253.
[417] *Ibid.*, AK. V, 258, *o.c.*, p. 240.
[418] O. Chédin, *Sur l'esthétique de Kant*, *o.c.*, p. 245.
[419] Kant, *CJ*, AK. 417, *o.c.*, p. 414.

*

* *

Le principe de finalité (en ses représentations esthétique et logique) « ouvre, écrit Kant, [...] des perspectives qui sont avantageuses pour la raison pratique »[420], ce qui doit s'entendre dans la perspective d'une pensée « symbolique ».

Ainsi, le « plaisir » « du beau », dont la « représentation réfléchie de la forme » est la « cause » (G. Deleuze)[421] – Kant définit la « forme » comme ce qui se constitue dans (et comme) le schématisme sans concepts de la réflexion esthétique, soit « l'unification du divers en une unité (où reste indéterminée [ce qui, souligne L. Guillermit, « rappelle l'absence du concept »[422]] ce que cette unité doit être) »[423] –, le plaisir du beau, disons-nous, est pensé comme « symbole du bien moral »[424]. Le beau n'est pas un « phénomène [c'est-à-dire un « objet de l'expérience »] que l'on peut intuitionner directement et qui vient se substituer à un autre objet, le bien, dont nous n'avons pas d'intuition » (J.-F. Lyotard)[425], J.-F. Lyotard soulignant, à ce propos, la distinction établie par Kant entre la « « sensation » dans l'expérience du beau » et la « sensation » au sens de l'Esthétique transcendantale de la première *Critique*[426] : « Quand une détermination du sentiment du plaisir ou de la peine, écrit Kant, est appelée sensation, ce terme désigne tout autre chose que quand j'appelle sensation la représentation d'une chose (par les sens, en tant que réceptivité relevant du pouvoir de connaître). Car, dans le dernier cas, la représentation est rapportée à l'objet, tandis que, dans le premier, elle l'est exclusivement au sujet et ne

---

[420] *Ibid.*, AK. V, 169, *o.c.*, p. 147-148.

[421] G. Deleuze, *La philosophie critique de Kant*, *o.c.*, p. 69.

[422] L. Guillermit, *Critique de la faculté de juger esthétique de Kant*, Éditions Pédagogie Moderne, Paris, 1981, p. 87.

[423] Kant, *CJ*, AK. V, 227, *o.c.*, p. 206.

[424] *Ibid.*, AK. V, 353, *o.c.*, p. 342.

[425] J.-F. Lyotard, *L'enthousiasme. La critique kantienne de l'histoire*, Le Livre de Poche, Paris, 1995, p. 30.

[426] *Ibid.*

sert absolument à aucune connaissance »[427] – la perception « par le sens » doit être distinguée du sentiment de la « réflexion » (L. Guillermit)[428], c'est-à-dire du « sens » conçu comme « effet de la simple réflexion sur l'esprit », précise Kant dans sa théorie de l'Idée du « sens commun »[429], ce que Kant appelle « le plaisir de la simple réflexion »[430] désignant la « capacité » propre à la « force transcendantale de l'esprit » de « n'[être] affectée que par elle-même » (F. Proust)[431] –. Dès lors, si le beau peut être pensé comme « symbole » du bien, cela doit être dans le sens non pas où il serait une « présentation sensible [à entendre au sens de l'Esthétique transcendantale] » du bien, mais où il « [présente] [...] [indirectement] par analogie » le bien, l'analogie en question « [portant] », propose J.-F. Lyotard, « sur le fait que le beau [...] est déterminé par un certain agencement des facultés (selon les quatre opérateurs [...] [que sont l'« immédiateté », le « désintérêt », la « liberté », l'« universalité » – cf. le paragraphe 59 de la troisième *Critique* –]) et que cet agencement se retrouve, selon les mêmes opérations, mais appliqués autrement, quand l'esprit est tourné vers le bien [cf. ce même paragraphe 59]. C'est donc une « symbolique » non pas par substitution d'objets, mais par transfert et rotation d'un dispositif intrafacultaire : [...] les quatre opérateurs isolés par Kant [...] [sont transférés], après altération, de la mouvance du sentiment de plaisir et de peine à celle de la faculté de désirer, sans que l'on puisse jamais parler de présentation directe »[432].

Le sublime, lui aussi, peut être pensé comme un « symbole du bien » (J.-F. Lyotard)[433]. Ainsi, l'« enthousiasme » que suscite la Révolution française « dans les esprits de tous les spectateurs »

---

427 Kant, *CJ*, AK. V, 206, *o.c.*, p. 184.

428 L. Guillermit, *Critique de la faculté de juger esthétique de Kant*, *o.c.*, p. 86.

429 Kant, *CJ*, AK. V, 295, *o.c.*, p. 280.

430 *Ibid.*, AK. V, 292, *o.c.*, p. 277.

431 F. Proust, *Kant le ton de l'histoire*, *o.c.*, p. 48-49.

432 J.-F. Lyotard, *L'enthousiasme. La critique kantienne de l'histoire*, *o.c.*, p. 19, 31 et 29.

433 *Ibid.*, p. 58.

(Kant)[434], soit ce sentiment que Kant définit comme « l'Idée du bien quand elle s'accompagne d'affect », est pensé comme « sublime », « parce qu'il est une tension des forces grâce à des Idées qui donnent à l'esprit un élan agissant de manière bien plus puissante et durable que l'impulsion qui vient des représentations sensibles »[435]. Or, cet enthousiasme « est, souligne J.-F. Lyotard, un analogue esthétique d'une ferveur républicaine pure »[436]. Mais en quoi consiste ici la démarche analogique et en quoi est-elle « symbolique » ?

Pour être « symbole », le « sensible » ne doit pas être un « donné [...] empirique, auquel cas ne seraient éveillées que des associations de représentations empiriques et non pas des Idées de la raison » : « [de] même [...] que le concept réclame un schème, une forme pure de l'imagination et non une image [...], de même l'Idée réclame non pas une désignation ou un signe *sensible* (*sinnliches Zeichen*) sur lesquels associer librement, mais un signe *transcendantal*, production formelle et pure de la réflexion » (F. Proust)[437]. L'enthousiasme suscité par la Révolution française serait ainsi le « signe transcendantal » (cf. *supra*) d'une « disposition morale du genre humain » (Kant)[438]. L'enthousiasme est pensé, c'est-à-dire interprété, comme « signe transcendantal » (cf. *supra*) de la destination suprasensible de l'humanité. Le « donné » (qu'il soit empirique ou transcendantal) est toujours, pour Kant, transcendantalement constitué comme tel (ce qui doit s'entendre dans les limites strictes de l'idéalisme transcendantal). Si le symbole « dit la possibilité de transporter [de « transférer »] [...] l'intelligible dans le sensible », c'est en tant que ce « sensible » « suscite », en sa « forme [au sens de la « réflexion » esthétique, cf. *supra* ce II], un « sentiment » qui est jugé comme le « signe d'un [...]

---

434 Kant, *Le conflit des facultés*, AK. VII, deuxième section, VI, *in La philosophie de l'histoire*, trad. S. Piobetta, Denoël/Gonthier, Paris, 1981, p. 171.

435 Kant, *CJ*, AK. V, 271-272, *o.c.*, p. 255.

436 J.-F. Lyotard, *L'enthousiasme. La critique kantienne de l'histoire*, *o.c.*, p. 58.

437 F. Proust, *Kant le ton de l'histoire*, *o.c.*, p. 228.

438 Kant, *Le conflit des facultés*, AK. VII, deuxième section, VI, *in o.c.*, p. 171.

Indéterminé qui nous fait signe » (F. Proust)[439]. La perception de l'enthousiasme suscité par la Révolution est « ressentie », au sens du jugement réfléchissant esthétique, comme « présentation » indirecte – « seulement symbolique »[440] – de l'Idée de liberté. Il y a analogie entre la pensée téléologique réfléchissante de la « nature humaine »[441] historique comme cause de cet « affect », comme tel « aveugle »[442], qu'est le sentiment d'enthousiasme et l'Idée de la causalité par liberté. L'analogie, qui fonde le jugement selon lequel l'enthousiasme « symbolise » l'Idée du bien, s'établit entre les « règles de la réflexion sur [...] [ces « objets » que sont le sentiment sublime de l'enthousiasme et l'Idée de liberté] et sur leur causalité »[443] ; elle s'entend donc bien comme « ressemblance parfaite de deux rapports [on peut dire que « l'Idée du bien, quand elle s'accompagne d'affect », c'est-à-dire le « sentiment [sublime] »[444], est à la « nature humaine »[445] ce que la loi morale est au suprasensible en l'homme] entre des choses tout à fait dissemblables [l'enthousiasme est pensé par Kant, en tant qu'« affect », comme « ne [pouvant] d'aucune manière contribuer à une satisfaction de la raison [...] [Tout] affect [...] correspond à ce mouvement de l'esprit qui le rend incapable d'entreprendre une libre réflexion sur les principes pour se déterminer d'après eux »[446]] »[447].

*

L'Idée de signe – ce qui fait signe vers – et l'Idée de destination ne peuvent être comprises que dans la perspective d'une critique de la faculté de juger (ou « réflexion ») téléologique, c'est-à-dire dans la perspective de ce « moment »,

---

[439] F. Proust, *Kant le ton de l'histoire*, *o.c.*, p. 230.

[440] Kant, *CJ*, AK. V, 352, *o.c.*, p. 341.

[441] Kant, *Le conflit des facultés*, AK. VII, 88, *o.c.*, p. 173.

[442] Kant, *CJ*, AK. V, 272, *o.c.*, p. 255.

[443] *Ibid.*, AK. V, 352, *o.c.*, p. 341.

[444] *Ibid.*, AK. V, 271-272, *o.c.*, p. 255.

[445] Kant, *Le conflit des facultés*, AK. VII, 88, *o.c.*, p. 173.

[446] Kant, *CJ*, AK. V, 272, *o.c.*, p. 255.

[447] Kant, *Prolégomènes à toute métaphysique future qui pourra se présenter comme science*, AK. IV, 357, *o.c.*, p. 147.

dans l'architectonique, où la faculté de juger, désormais pensée comme « héautonome » (cf. *supra* ce II), « légifère sur le droit de recourir à des fins » (M. Castillo)[448], le principe de finalité étant alors reconnu comme propre à la faculté de juger et purement subjectif (« la fin n'est nullement située dans l'objet, mais uniquement dans le sujet »[449]), alors que le principe *rationnel* de finalité était, dans la première *Critique*, subordonné à un intérêt cognitif[450].

La « réflexion » téléologique, en s'appliquant à la « partie théorique de la philosophie »[451] (en reprenant le travail de l' « entendement » et de la « raison » pour penser les « maximes » du jugement réfléchissant dans la Dialectique de la faculté de juger téléologique[452]) – et ce, précise Kant dans la Préface de la troisième *Critique*, en « [ouvrant] […] des perspectives qui sont avantageuses pour la raison pratique »[453] –, et en s'articulant, de surcroît, à la faculté de juger esthétique (la « beauté naturelle » est pensée comme « signe indirect de la présence possible de la liberté » (J.-P. Fussler)[454] ; de plus, Kant, en pensant, sur le mode réfléchissant, la « beauté de la nature » comme « finalité objective de la nature », c'est-à-dire comme « une faveur que la nature nous a accordée »[455], légitime que « de la téléologie, nous [revenions] à l'esthétique » (G. Deleuze)[456]), la « réflexion » téléologique, disons-nous, « intéresse » (au sens où « inter-esse veut dire : […] se tenir au cœur d'une chose » (Heidegger)[457]) l'architectonique critique tout entière. Notre

---

448 M. Castillo, *Kant. L'invention critique*, *o.c.*, p. 189.
449 Kant, *CJ*, AK. XX, 216, *o.c.*, p. 106.
450 Cf. notre ouvrage *Phénoménologie de la réflexion dans la pensée critique de Kant*, *o.c.*, p. 152.
451 Kant, *CJ*, AK. V, 170, *o.c.*, p. 148.
452 *Ibid.*, AK. V, 386, *o.c.*, p. 380.
453 *Ibid.*, AK. V, 169, *o.c.*, p. 147-148.
454 J.-P. Fussler, *in* Kant, *CRPr*, *o.c.*, Introduction, p. 81.
455 Kant, *CJ*, AK. V, 380, *o.c.*, p. 372-373.
456 G. Deleuze, *La philosophie critique de Kant*, *o.c.*, p. 94.
457 Heidegger, *Qu'appelle-t-on penser ?*, trad. A. Becker et G. Granel, PUF, Paris, 1992, p. 23.

recherche sur la fondation (« *auto*-fondation ») architectonique de l'homme, sur sa finitude et sur le sens de l'architectonique comme « pensée » peut donc légitimement s'inscrire dans la perspective du jugement réfléchissant téléologique.

A ce propos, il nous faut poursuivre l'exploration de l'articulation du « téléologique » et du « symbolique ». Nous nous demanderons notamment (cf. *supra* ce II) si la perspective téléologique, d'essence architectonique, ne légitime pas, sous certaines conditions, une extension *criticiste* du champ (de l'efficience) « symbolique » dans le discours *kantien* et à son horizon.

*

*   *

La troisième *Critique* doit penser l'« unité » de la philosophie, c'est-à-dire de l'« homme » (conçu comme « phénomène » et « noumène »)[458]. A cette fin, la faculté de juger a pour fonction architectonique de « découvrir une subsomption entre un conditionné – la nature phénoménale telle que l'entendement lui applique ses concepts – et une condition – l'Idée de liberté que la raison pratique exige de penser »[459]. Comment donc concevoir la temporalisation (c'est-à-dire la « schématisation ») d'une pensée qui doit (chercher à) « subsumer » le domaine théorique (dont la représentation se fonde dans le « schématisme » de l'Idée architectonique articulé au « schématisme » de l'entendement pur et, en sa dimension spéculative (pensée du suprasensible), à un « schématisme » de l'« analogie », cf. *supra* ce II) sous le domaine pratique (qui est pensé et qui s'exerce lui-même en tant que pensée dans la mise en œuvre du « schématisme » architectonique articulé au « schématisme » de l'« analogie » – la typique de la faculté de juger pratique pure étant un « symbolisme » –, cf. *supra* ce II) ?

Dans la Dialectique de la faculté de juger téléologique, Kant pense la « finalité » de la nature comme une « maxime » de la faculté de juger. Or, « il est clair, écrit A. Renaut, que la

---

[458] A. Renaut, *Kant aujourd'hui*, *o.c.*, p. 414.

[459] *Ibid.*, p. 396-397.

finalité présente une analogie avec l'idée de liberté : l'idée de finalité renvoie en effet toujours à celle d'action intentionnelle, au sens, par exemple, où l'organisme biologique, lorsqu'il s'adapte à son milieu, agit comme s'il était doué d'intelligence, comme s'il agissait librement (par décision consciente). Là où il faut recourir à la notion de finalité, il se présente donc, au minimum, comme une analogie avec une action libre »[460]. Ainsi, la nature est considérée comme si elle était un « système organique », lui-même pensé comme « se rapportant à un substrat suprasensible, donc comme allusion à une totalité en soi », ce qui conduit à une pensée de la nature comme « règne, et totalité organisée en vue de l'unité d'une fin » (J. Rivelaygue »)[461]. La distinction entre le mécanisme de la nature et sa « finalité » (comme *analogon* de l'Idée de liberté) est ainsi pensée « au niveau des phénomènes » (A. Renaut)[462]. Toutefois, l'enjeu d'une pensée du passage entre la nature et la liberté (pensée qui ne peut être, comme le montre Kant, que celle d'un passage de la liberté à la nature[463]) est bien de « distinguer [...] parmi les phénomènes relevant de la maxime finaliste, ceux qui sont naturels [...] et ceux qui sont proprement humains, c'est-à-dire ceux qui sont effectivement capables de certaines actions libres » (A. Renaut)[464]. D'où la nécessité de « [transposer] » la réflexion (au sens du réfléchissant) du plan « biologique » (c'est-à-dire de « phénomènes » « [appartenant] d'abord et avant tout, précise A. Renaut, à ce qu'on a appelé depuis la biologie et qui n'est après tout qu'une science naturelle ») au « domaine de l'histoire » (A. Renaut)[465].

Il s'agit alors (dans les paragraphes 83 et 84 de la troisième *Critique*) de penser « un événement du monde phénoménal comme l'effet d'une cause libre », c'est-à-dire de

---

[460] *Ibid.*, p. 422.
[461] J. Rivelaygue, *Leçons de métaphysique allemande* II, *o.c.*, p. 293.
[462] A. Renaut, *Kant aujourd'hui*, *o.c.*, p. 422.
[463] Kant, *CJ*, AK. V, 176, *o.c.*, p. 154.
[464] A. Renaut, *Kant aujourd'hui*, *o.c.*, p. 422-423.
[465] *Ibid.*, p. 431.

penser « du particulier sous [...] [la loi] [...] de la liberté » (A. Renaut)[466]. La « schématisation » en question dans cette subsomption n'est pas « déterminante », au sens du schématisme transcendantal de l'entendement. « [Pour] déterminer la nature par les fins de la liberté, il faudrait que la liberté soit un concept d'entendement et que ce concept soit représentable – ce qui est évidemment absurde » (A. Renaut)[467] (l'Idée de liberté ne peut être présentée dans une hypotypose schématique). Dès lors, le jugement ne peut être produit que par l'« analogue » d'un « schème » (au sens du schématisme de l'entendement), puisque, s'il y a bien subsomption d'un « conditionné » sous une « condition » (cf. *supra*), cette subsomption n'est pas une homogénéisation au sens du schématisme transcendantal de la détermination. Le jugement est donc réfléchissant : la nature est *pensée* téléologiquement, c'est-à-dire comme « [produisant] par elle-même des effets que la réflexion du sujet peut subsumer sous l'Idée de liberté » (A. Renaut)[468]. Autrement dit, la « nature, comme le souligne F. Proust, par elle-même ne signifie rien, ne pointe rien »[469], mais elle n'est jugée comme « signe » du (ou comme « [faisant] signe vers » le) suprasensible que « dans l'expérience subjective du philosophe réfléchissant son sentiment de plaisir face aux progrès historiques du droit » (A. Renaut)[470].

Ainsi, pour qu'il y ait production de « symbole », il faut qu'un « phénomène » soit l'objet d'un jugement réfléchissant, c'est-à-dire d'une « réflexion », laquelle met en œuvre une démarche « analogique ». Cette « réflexion » est architectoniquement « [mise] en relation » (M. Souriau) avec le sentiment de plaisir et de peine[471]. Ainsi, la « fin dernière » (*letzter Zweck*) de la nature (cf. le paragraphe 83 de la troisième

[466] *Ibid.*, p. 397.
[467] *Ibid.*
[468] *Ibid.*, p. 400.
[469] F. Proust, *Kant le ton de l'histoire*, *o.c.*, p. 231.
[470] A. Renaut, *Kant aujourd'hui*, *o.c.*, p. 409 et 411.
[471] Kant, *CJ*, AK. V, 197, *o.c.*, p. 177. Cf. M. Souriau, *Le jugement réfléchissant dans la philosophie critique de Kant*, Alcan, Paris, 1925, p. 108.

Critique) est pensée comme « belle » (la constitution « républicaine »[472] est jugée comme « l'ordre social le plus beau [*die schönste gesellschaftliche Ordnung*] »[473] ou l'enthousiasme républicain est pensé comme un sentiment « sublime » (cf. *supra* ce II)). La « belle » légalité symbolise la moralité, dans le sens où le beau symbolise le bien (cf. *supra* ce II) : « la légalité, écrit A. Renaut, présente de façon incomplète (ce par quoi il s'agit d'une symbolisation) la moralité (de façon incomplète, puisqu'elle ne fait que la préparer) »[474]. La « réflexion » se représente alors son objet comme une « forme » « sensible », le jugeant comme présentation – symbolique – de l'Idée (la réalisation de l'Idée du droit ou l'enthousiasme qu'elle suscite sont autant de « signes transcendantaux » de l'Idée du bien) (cf. *supra* ce II). Cette démarche symbolique se fonde dans une pensée du passage de la « liberté » à la « nature ». Plus précisément, c'est la « nature de l'homme » qui est, comme le soutient J. Rivelaygue, « le point où la liberté a prise sur la nature, comme l'exige la raison pratique ; et le point où la nature atteint sa fin dernière, la culture [...] Elle est le point d'insertion de la liberté dans la nature »[475]. Kant définit la « nature de l'homme » comme « le fondement subjectif de l'usage de sa liberté d'une manière générale [...] qui précède toute action tombant sous les sens [,c'est-à-dire que l'homme] [...] a en lui un principe premier [...] lui permettant d'admettre de bonnes ou de mauvaises maximes » ; Kant précise aussitôt que ce principe est le « libre arbitre » ; ainsi, le « fondement subjectif [dont il vient d'être question, soit la « nature » même « de l'homme »] doit toujours être aussi lui-même un acte de liberté »[476]. Les « dispositions primitives

---

[472] Sur l'Idée de République, cf. Kant, *CRP*, AK. III, 247/IV, 201, *o.c.*, p. 344 ; cf. également F. Proust, *in* Kant, *Vers la paix perpétuelle, Que signifie s'orienter dans la pensée ?, Qu'est-ce que les Lumières ?*, Introduction, *o.c.*, p. 13-23.

[473] Kant, *Idée d'une histoire universelle au point de vue cosmopolitique*, AK. VIII, 22, *in La philosophie de l'histoire*, *o.c.*, p. 34.

[474] A. Renaut, *Kant aujourd'hui*, *o.c.*, p. 409.

[475] J. Rivelaygue, *Leçons de métaphysique allemande* II, *o.c.*, p. 303.

[476] Kant, *La religion dans les limites de la simple raison*, AK. VI, 7-8, *o.c.*, p. 66-67.

inhérentes à la nature de l'homme »[477] supposent donc toujours déjà l'acte d'une liberté ; elles « sont [créées] par le choix libre de l'homme ; mais la liberté se dissimule, elle est toujours antérieure à elle-même, toujours présente avant la conscience de son surgissement. La liberté comme acte suppose toujours une liberté comme être-là, une liberté qui se pose [qui s'est toujours déjà posée, préciserions-nous] comme nature » (J. Rivelaygue)[478]. Cette pensée de la liberté fonde l'idée d'un « reflet du nouménal dans l'empirique sous forme de signe ou de symbole », c'est-à-dire l'idée selon laquelle « la nature [...] [de l'homme] englobe nécessairement des germes de liberté, qui sont des reflets dans l'empirique de la liberté transcendantale. La nature [...] [de l'homme] est téléologiquement préparée pour être agie et pénétrée par cette liberté ; mais elle n'y est ainsi préparée que parce qu'elle en contient déjà le symbole empirique (la « liberté comme passion [« naturelle », « [innée] »] »), au sens de l'*Anthropologie* » (J. Rivelaygue)[479].

*

Ainsi, le concept de « symbole », chez Kant, n'a pas le même sens quand nous disons que le moulin à bras « symbolise » l'État despotique – le premier étant jugé comme présentation (à travers le « concept déterminé » de son mécanisme) de l'« Idée indéterminée »[480] du second – et quand nous disons que le beau et le sublime « symbolisent » le bien : outre le fait que le beau et le sublime ne peuvent être considérés comme des « [phénomènes] au même titre que le moulin à bras » (J.-F. Lyotard)[481], le bien est alors pensé comme la « fin » du beau et du sublime, ce qui signifie qu'il doit être conçu, sur le mode du jugement réfléchissant, comme « motif ou fondement »

[477] Kant, *Conjectures sur les débuts de l'histoire humaine*, AK. VIII, *in La philosophie de l'histoire*, *o.c.*, p. 110.

[478] J. Rivelaygue, *Leçons de métaphysique allemande* II, *o.c.*, p. 307.

[479] *Ibid.*, p. 305-304 (et p. 301).

[480] F. Proust, *Kant le ton de l'histoire*, *o.c.*, p. 230.

[481] J.-F. Lyotard, *L'enthousiasme. La critique kantienne de l'histoire*, *o.c.*, p. 30.

(G. Deleuze)[482]. Or, c'est précisément en ce sens téléologique que le « symbole », chez Kant, peut être *pensé* comme « attestation d'une présence insondable » (F. Marty)[483]. En ce sens, en effet, le « système » de la « science » ne peut-il pas être reconnu comme « attestation » – « symbolique » – de la « présence » (cf. *supra*) de l'Idée de « liberté » du penser (cf. *infra* III) ? Ne serait-il pas légitime du point de vue critique d'élargir le champ du « symbole » jusqu'à concevoir l'architectonique même comme « symbole », pourvu toutefois que cette extension s'inscrive dans la perspective d'une critique de la faculté de juger téléologique ? Le « symbole » pourrait alors se définir, comme chez Cassirer[484], comme « une médiation entre l'esprit et lui-même » (T. Gontier)[485].

D'où la possibilité de concevoir une « prégnance symbolique » au sens de Cassirer (cf. *supra* ce II). L'architectonique critique serait alors définie comme un système des « fonctions synthétiques *a priori* de l'esprit » qui « opèrent par et dans des symboles, c'est-à-dire des formes sensibles (signes, images) « mettant en scène » le contenu spirituel, en tant que sens représenté » (A. Stanguennec)[486], étant entendu que « l'esprit n'a aucune existence en dehors de ses représentations « extérieures » » (T. Simonelli)[487]. Chaque « élément » de l'architectonique « [dépend] [...], dans [sa] [...] constitution [...], de l'ordre à l'intérieur duquel [il] se [tient] » ; l'architectonique est « une totalité vivante » et chaque partie doit être conçue comme pouvant « rejoindre » les autres « en [cette]

---

[482] G. Deleuze, *La philosophie critique de Kant*, *o.c.*, p. 89.

[483] F. Marty, « Raison pure, raison affectée. A propos de l'affectivité chez Kant », *o.c.*, p. 33.

[484] E. Cassirer, *Essai sur l'homme*, trad. N. Massa, Minuit, Paris, 1982, p. 43 : « Loin d'avoir rapport aux choses mêmes, l'homme, d'une certaine manière, s'entretient constamment avec lui-même ».

[485] T. Gontier, « Finitude du *Dasein*, Finité humaniste », *in* B. Pinchard (sous la direction de), *Heidegger et la question de l'humanisme*, PUF, Paris, 2005, p. 23.

[486] A. Stanguennec, « Néokantisme et hégélianisme chez Ernst Cassirer », *in* J. Seidengart, *Ernst Cassirer de Marbourg à New York*, *o.c.*, p. 59.

[487] T. Simonelli, « La philosophie des Formes symboliques dans le Contexte », *in* F. Lartillot (coordonné par), *Ernst Cassirer. Geist und Leben*, *o.c.*, p. 104.

totalité de sens », ce système, que Cassirer nomme encore « prégnance de signification »[488]. Le concept de « prégnance » au sens de Cassirer s'inscrit clairement dans la perspective réfléchissante de l'unité des pouvoirs de l'esprit dans la troisième *Critique*, puisque la « prégnance » du « sens » ne peut être appréciée comme « totalité vivante » dans laquelle chacun des éléments du système est conçu comme pouvant « rejoindre » les autres (cf. *supra* Cassirer) que dans le cadre d'une pensée du passage entre la nature et la liberté.

Pour autant, le concept de « forme symbolique » se fonde chez Cassirer dans une « fusion, écrit J.-A. Barash, [des] fonctions schématisante et symbolisante [au sens de Kant] », les « formes symboliques », « loin de représenter l'invisible au moyen de l'analogie, [...] s'identifient [à la fonction schématisante] qui [s'incarne elle-même] dans les innombrables voies par lesquelles les êtres humains construisent la réalité à travers le langage, l'art, le mythe, la religion et la science [...] Les symboles ne représentent pas simplement ce qui est absent, mais sont remplis et saturés [*pregnant with*[489]] des multiples significations de l'expérience humaine dans sa diversité »[490]. Dans cette relecture réfléchissante de la Critique s'opèrerait donc la reprise transformante du schématisme de l'entendement pur, désormais pensé comme fonction « symbolique » (au sens de Cassirer). Cette reprise n'est pas conforme au kantisme, puisque Kant distingue rigoureusement le « schème » et le « symbole » (cf. *supra* ce II), n'autorisant donc en aucune manière leur « fusion » (cf. *supra* J.-A. Barash), laquelle est pensée par Cassirer (ce point est essentiel) comme ce qui « oriente la référence suprasensible des symboles *à l'intérieur* [nous

488 E. Cassirer, *La philosophie des formes symboliques* III, *o.c.*, p. 229 et 269.

489 Nous reprenons ici la traduction proposée par C. Fronty : « Le maintenant est rempli et saturé de futur : *praegnans futuri*, suivant les termes de Leibniz » (E. Cassirer, *La philosophie des formes symboliques* III, *o.c.*, p. 229).

490 J.-A. Barash (edited by), *The symbolic construction of reality : the legacy of Ernst Cassirer*, *o.c.*, « Introduction », p. XII (notre traduction).

soulignons] du champ de l'expérience humaine » (J.-A. Barash)[491].

A ce propos, il est intéressant de souligner comment Cassirer problématise la théorie kantienne de la « contingence » de la constitution de l'esprit (cf. *supra* ce II). Ainsi, comme l'écrit J.-A. Barash, « en tant que médiatisée par les symboles, la vérité [pour Cassirer] [...] est atteinte à travers un processus d'élaboration exprimé dans l'historicité du langage, du mythe, de la religion, de l'art ou de la science [...] La vérité [...] émerge nécessairement dans une pluralité de perspectives élaborées au cours de l'histoire [Cassirer « [présuppose] l'historicité fondamentale de la vérité », à laquelle correspond « l'historicité [...] de la conscience humaine »] »[492]. L'ouverture de l'esprit à la « contingence » est pensée par Cassirer comme ouverture à la « contingence d'un procès historique privé de fondations intrinsèques absolues », écrit J.-A. Barash[493] (soulignant, par ailleurs, que cela ne signifie en aucun cas chez Cassirer le « relativisme », le savoir étant pensé comme « universel et transhistorique »[494]).

Mais comment penser chez Kant le rapport de l'« histoire » et de l'esprit, alors même que Kant conçoit l'*a priori* transcendantal théorique comme « originaire et primitif »[495], partant, immuable ? ; quant à l'Idée kantienne de liberté pratique, n'est-elle pas, suivant l'expression de Cassirer, « le pur regard à travers l'intemporel – l'horizon de la supra-temporalité »[496] ? Comment donc Kant conçoit-il l'« histoire », lorsqu'il pense une « histoire de la raison pure »[497]

---

491 *Ibid.*

492 *Ibid.*, p. XVI-XVII.

493 *Ibid.*, p. XIII.

494 Cf. *ibid.*, p. XIII et XVII.

495 Kant, *CRP*, AK. III, 94/IV, 67, *o.c.*, p. 164.

496 E. Cassirer, « Kant et le problème de la métaphysique. Remarques sur l'interprétation de Kant proposée par M. Heidegger », trad. P. Quillet, *in Ernst Cassirer - Martin Heidegger, Débat sur le Kantisme et la Philosophie (Davos, mars 1929)*, Beauchesne, Paris, 1972, p. 71.

497 Cf. Kant, *CRP*, AK. III, 550, *o.c.*, p. 685.

(ce que J.-A. Barash appelle une « histoire de la vérité »[498]) ? Que serait, pour Kant, une « histoire » de la « pensée » (critique) ?

[498] J.-A. Barash, *Heidegger et le sens de l'histoire*, *o.c.*, p. 42-43.

CHAPITRE III

Le problème d'une « histoire » de la pensée

L'architectonique n'a pas pour seul « but » la « perfection logique de la connaissance », ce qui définit le concept « scolastique » de la « philosophie »[1] ; la philosophie est alors conçue, précise Kant, comme une « doctrine de l'habileté »[2], « habileté dont la réussite est de « donner à toutes les autres sciences une unité systématique » » (F. Marty)[3]. « Toutes les sciences, écrit Kant, tous les arts enseignent l'habileté, il n'y a que la philosophie à enseigner les principes et les règles de l'usage de toute habileté en fonction des relations ultimes de l'entendement et de la volonté, en statuant sur l'objet lui-même ainsi que sur son rapport à l'homme »[4]. Ainsi, la philosophie doit être saisie en son concept « cosmique », c'est-à-dire comme « science du rapport entre toute connaissance et les fins essentielles de la raison humaine », disons plutôt *sa* fin « suprême » (« il ne saurait y en avoir qu'une seule », identifiée comme « la destination complète de l'être humain [...] la philosophie portant sur cette destination s'appelle morale »)[5]. Dans la *Logique*, Kant « insiste », à ce propos, « sur le choix » (cf. F. Marty)[6]. La philosophie, en son sens cosmique (ou « cosmopolite »), est alors pensée, en effet, comme « science des

[1] Kant, *CRP*, AK. III, 542, *o.c.*, p. 678.

[2] Kant, *Logique*, AK. IX, 23, *o.c.*, p. 24.

[3] F. Marty, *L'homme, habitant du monde*, *o.c.*, p. 159 ; le passage entre guillemets est extrait de Kant, *Logique*, AK. IX, 24, *o.c.*, p. 24.

[4] Kant, *Réflexion* 4294, AK. XVII, cité *in* R. Eisler, *Kant-Lexikon*, *o.c.*, p. 807.

[5] Kant, *CRP*, AK. III, 543, *o.c.*, p. 678-679.

[6] F. Marty, *L'homme, habitant du monde*, *o.c.*, p. 161 : « Le ton nouveau [de la *Logique* par rapport à la première *Critique*] concerne le rapport de la philosophie cosmique avec la liberté. En 1781, c'est parce que cette philosophie était celle de la « destination totale de l'homme » qu'elle concernait la morale, et par là la liberté. Le texte de 1800 insiste sur le choix [...] ».

maximes suprêmes de l'usage de notre raison », « maxime » devant s'entendre comme « le principe interne du choix entre différentes fins »[7]. Le « choix » propre à l'« usage libre [...] de [...] [la] raison »[8] « ne saurait être, précise F. Marty, celui qui s'opérerait sur une liste », « il ne s'agit pas de choix à opérer sur un ensemble prédéterminé » ; pour autant, la pensée, en tant qu'elle (doit) se rapporte(r) à la fin « suprême » de la raison, n'est pas confrontée au « vide de la simple recommandation de choix »[9].

Ainsi, « penser », au sens kantien, c'est, pour l'homme, *choisir* d'instituer (de s'instituer comme) et de désenvelopper épigénétiquement (cf. *supra* II) une architectonique criticiste. Mais comment concevoir la « liberté » du penser ?

*

Cette « liberté » (et son surgissement) peuvent, certes, être conçus, par exemple, sur le modèle de la « liberté » de l'imagination esthétique (cf. *supra* II) – dont le « schématisme » nous fait saisir « phénoménologiquement » (au sens où il peut être reconnu comme « schématisme transcendantal de la phénoménalisation, c'est-à-dire [...] schématisme où un (ou des) phénomène(s) s'individue(nt) sans concept disponible ou pré-déterminé » (M. Richir)[10]) une « liberté » à l'état naissant, ce qui est du plus grand intérêt pour notre recherche, cf. *infra* –, mais la « liberté » de l'architectonique est « liberté » du système des « pouvoirs de connaître » (« entendement », « faculté de juger », « raison »)[11] et non d'un seul d'entre eux ou, à l'intérieur d'un « pouvoir de connaître », de telle ou telle faculté de l'esprit.

Cette « liberté » ne saurait donc davantage être identifiée à l'Idée de la « liberté transcendantale », qui, dans la Dialectique transcendantale de la première *Critique*, est « [assignée] [...] à

---

7 Kant, *Logique*, AK. IX, 24-25, *o.c.*, p. 25.

8 *Ibid.*, AK. IX, 26, *o.c.*, p. 27.

9 F. Marty, *L'homme, habitant du monde*, *o.c.*, p. 161.

10 M. Richir, *Phénoménologie et institution symbolique*, Millon, Grenoble, 1988, p. 15.

11 Kant, *CJ*, AK. V, 197, *o.c.*, p. 177.

l'idée de monde » (F. Marty)[12]. La « liberté » qui fonde l'Idée architectonique ne se situe pas au (seul) niveau des Idées transcendantales de la raison, elle en est toujours, en quelque manière (cf. *infra*), « à distance (trans-) » (cf. M. Richir)[13] – ainsi peut se concevoir sa « trans-cendantalité », cf. *infra* –, puisqu'elle est, comme pensée, le principe de leur désenveloppement épigénétique (cf. *supra* II).

Si la « liberté », comme le souligne F. Marty, « n'est jamais rencontrée que dans l'agir dont elle est le principe »[14], la pensée ne peut-elle pas être définie comme « pratique » (au sens où « [est] pratique tout ce qui est possible par liberté »[15]) et, de là, ne convient-il pas de penser la liberté architectonique comme l'Idée même de la liberté pratique ? En effet, que la liberté pratique soit conçue comme « *ratio essendi* de la loi morale »[16] ou comme liberté postulée, ne doit-elle pas s'entendre, dans l'un et l'autre cas, comme un « pur « intelligible », sans lien avec des conditions purement temporelles [...] [comme] le pur regard à travers l'intemporel – l'horizon de la supra-temporalité » (Cassirer)[17] ? Et, de fait, n'y a-t-il pas lieu de reconnaître dans l'Idée architectonique le « pouvoir simplement intelligible » de la « raison pure », laquelle « n'est pas soumise à la forme du temps, ni non plus, par conséquent, aux conditions de la succession chronologique »[18] ? Le « sujet » pensant, quant à lui, doit être conçu en sa « causalité intelligible », qui a la « propriété » de « se [phénoménaliser] » (dans la production « schématisante » – ou temporalisation – (cf. *supra* II) de ses représentations), c'est-à-dire de « [déterminer] », par l'« acte » pensant, le sens

[12] F. Marty, *L'homme, habitant du monde*, *o.c.*, p. 155.

[13] M. Richir, *L'expérience du penser*, Millon, Grenoble, 1996, p. 38.

[14] F. Marty, *L'homme, habitant du monde*, *o.c.*, p. 155.

[15] Kant, *CRP*, AK. III, 520, *o.c.*, p. 655.

[16] Kant, *CRPr*, AK. V, 4, *o.c.*, p. 90.

[17] E. Cassirer, « Kant et le problème de la métaphysique. Remarques sur l'interprétation de Kant proposée par M. Heidegger », trad. P. Quillet, *in Ernst Cassirer-Martin Heidegger, Débat sur le Kantisme et la Philosophie (Davos, mars 1929)*, *o.c.*, p. 71.

[18] Kant, *CRP*, AK. III, 373, *o.c.*, p. 506.

interne[19]. Ainsi, lorsque Kant écrit que « penser inclut [*enthält*] un réfléchir qui, lui-même, ne peut se produire que dans le temps »[20], cela peut s'interpréter comme l'affirmation d'une « inclusion » du temporel « dans » la causalité intelligible, donc comme l'affirmation d'un *fait*, celui de l'union de la « liberté » (du penser) et du temporel (le « réfléchir »). Or, l'Idée de « liberté transcendantale », dans la première *Critique*, est pensée comme « n'[étant] pas impossible »[21], mais comme « [demeurant] un problème »[22] ; elle n'est donc (en son union avec le temps de la nature) aucunement posée comme un « fait ». C'est dans la *Critique de la raison pratique* que l'« affirmation » de l'« union de la causalité comme liberté avec la causalité comme mécanisme de la nature [...] dans [...] un seul et même sujet, l'homme » « acquiert [...] sa pleine confirmation, si bien qu'il faut en venir à l'admettre »[23]. Il est donc légitime de reconnaître la proximité de l'Idée de « liberté » du penser et de l'Idée « pratique » de « liberté ».

C'est en ce « lieu » précis de la topique transcendantale que peut s'apprécier le primat du « pratique » dans l'architectonique critique. Ainsi, l'architectonique est tout entière constituée en fonction de l'Idée de la « croyance rationnelle » (*Glauben*) (et précisément de la pensée de Dieu, de l'espérance « religieuse » comme accomplissement architectonique de la « croyance »)[24], soit de l'Idée de « la destination complète de l'être humain »[25].

Quelle est donc la raison d'être – dans le sens du *télos* – du domaine théorique, si ce n'est la philosophie « pratique » ? Non que la « connaissance » soit une condition de l'accomplissement de la moralité : « l'entendement le plus commun [...] discerne

[19] *Ibid.*, AK. III, 366, *o.c.*, p. 498-499.
[20] Kant, *La fin de toutes choses*, AK. VIII, 334, *o.c.*, p. 117.
[21] J.-P. Fussler, *in* Kant, *CRPr*, *o.c.*, note 351, p. 393.
[22] Kant, *CRP*, AK. III, 522, *o.c.*, p. 657, et *CRPr*, AK. V, 105, *o.c.*, p. 223.
[23] Kant, *CRPr*, AK. V, 6, *o.c.*, p. 93-92.
[24] Cf. notre ouvrage *L'anthropologie transcendantale de Kant*, *o.c.*, p. 57 sq.
[25] Kant, *CRP*, AK. III, 543, *o.c.*, p. 679.

très aisément et sans hésitation [...] [ce] qu'il y a à faire d'après le principe de l'autonomie de l'arbitre »[26]. Mais, à la vérité, tout effort de *penser* « est » toujours (*doit* toujours être) architectoniquement (c'est-à-dire en son principe, à concevoir téléologiquement) conforme à l'exigence « morale ». Aucun contenu idéaliste transcendantal ne saurait contredire cette exigence, c'est-à-dire le *Glauben*, lequel fonde de manière ultime l'auto-légitimation de la réflexion transcendantale. Ainsi, la théorie de l'idéalité transcendantale de l'espace et du temps, avec la distinction qu'elle fonde entre l'« objet » comme « phénomène » et l'« objet en soi »[27], et le « principe de la distinction de tous les objets en général en phénomènes et noumènes »[28] sont légitimés architectoniquement par la nécessité de penser la « moralité »[29].

Par ailleurs, la « réflexion » (au sens du « réfléchissant ») téléologique sur la fondationalité de la philosophie, c'est-à-dire sur l'Idée de l'unité du système, dans la troisième *Critique* ne peut se concevoir en dehors de l'horizon « pratique » (l'esthétique ne « symbolise »-t-elle pas la morale, cf. *supra* II ? ; le téléologique, en sa dimension théorique[30], ne vise-t-il pas, sur le mode du jugement réfléchissant, l'Idée d'une théologie morale[31] ?).

« Est pratique, écrit Kant dans la première *Critique*, tout ce qui est possible par liberté »[32]. Kant, comme le rappelle F. Proust[33], distingue « pratique » et « pragmatique ». « Pragmatique » est défini par Kant comme « relevant du bien-être », ce qui inclut les « règles de l'habileté » et les « conseils de la prudence », la « prudence » étant « l'habileté dans le choix des moyens appropriés à l'atteinte de notre plus

[26] Kant, *CRPr*, AK. V, 64, *o.c.*, p. 135.
[27] Kant, *CRP*, AK. III, 71, *o.c.*, p. 139.
[28] *Ibid.*, AK. III, 202/IV, 154, *o.c.*, p. 294.
[29] *Ibid.*, AK. III, 19, *o.c.*, p. 85.
[30] Kant, *CJ*, AK. V, 170, *o.c.*, p. 148.
[31] *Ibid.*, AK. V, 442 sq., *o.c.*, p.440 sq.
[32] Kant, *CRP*, AK. III, 520, *o.c.*, p. 655.
[33] F. Proust, *in* Kant, *Théorie et pratique*, Introduction, *o.c.*, p. 6.

grand bien-être personnel »[34]. Est « pratique », comme le souligne F. Proust, « tout ce qui relève de l'action *libre* [au sens de la moralité] »[35]. « Pratique » doit donc également être distingué de ce qui est possible par « l'usage ou l'abus de l'arbitre de l'homme, par rapport à la loi morale », soit par le « libre arbitre » comme « principe premier (insondable pour nous) [...] permettant [à l'homme] d'admettre de bonnes ou de mauvaises maximes »[36]. Ainsi, « [la] raison théorique, souligne Heidegger, pour autant que sa possibilité dépende de la liberté, est [...] en elle-même, comme théorique, pratique »[37]. Et, de fait, comme nous le montrerons (cf. *infra* ce III), la « liberté » de l'« esprit » pensant doit bel et bien être conçue comme la possibilisation transcendantale de la raison théorique. En ce sens, n'est-il donc pas manifeste que la raison théorique est « en elle-même [...] pratique » ?

La « réflexion transcendantale » au principe de l'architectonique criticiste n'est-elle pas pensée comme un « devoir [*Pflicht*] auquel ne peut se dérober celui qui veut porter un quelconque jugement *a priori* sur des choses »[38] ? Or, « [dans] le devoir [*Pflicht*], commente R. Eisler, se trouve une « contrainte » de la volonté et de l'action de la part de la raison pratique, une « nécessité morale » qui est une émanation de la liberté (éthico-transcendantale) de l'être raisonnable, et prend sa source dans l'autonomie de la raison, dans la législation qu'elle se donne à elle-même »[39]. N'y aurait-il pas, dès lors, un sens à « lire la *Critique de la raison pure* par la *Critique de la raison pratique* et [...] [à] donner son sens moral à l'autodétermination du « Je pense » (comme auto-nomie légiférante) », comme le propose J. Benoist dans un premier temps de son analyse[40] ?

---

[34] Kant, *Métaphysique des mœurs* I, *Fondation*, AK. IV, 416, *o.c.*, p. 90-91.

[35] F. Proust, *in* Kant, *Théorie et pratique*, Introduction, *o.c.*, p. 6.

[36] Kant, *La religion dans les limites de la simple raison*, AK. VI, 7-8, *o.c.*, p. 66-67.

[37] Heidegger, *Kant et le problème de la métaphysique*, *o.c.*, p. 213.

[38] Kant, *CRP*, AK. III, 216/IV, 170-171, *o.c.*, p. 311.

[39] R. Eisler, *Kant-Lexikon*, *o.c.*, p. 253.

[40] J. Benoist, *Kant et les limites de la synthèse*, *o.c.*, p. 255.

Pourtant, l'« autonomie » de l'« entendement vis-à-vis des lois théoriques de la nature »[41], mais aussi l'« héautonomie »[42] de la faculté de juger réfléchissante, et, plus originairement encore, l'auto-institution de l'architectonique comme « science » (nous entendons par là l'acte par lequel « la raison fournit les fins *a priori* et ne les attend pas empiriquement »[43]) sont-elles seulement « [pratiques] (dans le sens technique [« pragmatique », cf. *supra* ce III] du terme) » ou « [ouvrent]-elles [...] sur une autonomie au sens fort [« moral »] du terme » (cf. F. Pierobon)[44] ? L'auto-institution de la métaphysique comme science est-elle « pratique » dans le sens où elle est « possible par liberté »[45] ou dans le sens de la « raison pratique » ?

En outre, ne faut-il pas considérer, en suivant J. Benoist, que « penser (*denken*) et vouloir (*wollen*), ce n'est pas la même chose, et [qu']il n'est pas vrai qu'avec la liberté de l'agir la spontanéité de la pensée soit déjà assurée, et réciproquement [« Sinon, ajoute J. Benoist, le sens et la portée de la *Critique de la raison pratique*, dans la « transcendance » à l'être qu'elle formule, s'effacerait [...] : le « recouvrement » du sujet de l'action et du sujet connaissant demeure imparfait dans la Critique »] »[46] ?

A supposer donc qu'il soit légitime de penser l'architectonique criticiste, en tant qu'« auto-fondation » (proprement « scientifique ») de la « liberté », comme une « éthique » (ou manière d'« exister » « librement » (le « temps »))[47], de quelle « liberté » s'agit-il alors au juste ?

---

[41] Kant, *CJ*, AK. XX, 225, *o.c.*, p. 115.

[42] *Ibid.*

[43] Kant, *CRP*, AK. III, 539, *o.c.*, p. 675.

[44] F. Pierobon, « L'architectonique kantienne existe-t-elle comme méthode ? (Quelques remarques sur les travaux récemment parus de Pascal Gaudet) », *o.c.*, p. 295.

[45] Kant, *CRP*, AK. III, 520, *o.c.*, p. 655.

[46] J. Benoist, *Kant et les limites de la synthèse*, *o.c.*, p. 255.

[47] Cf. notre ouvrage *L'anthropologie transcendantale de Kant*, *o.c.*, p. 31-39 et p. 53-62.

*

A la vérité, peut-on concevoir l'Idée de « liberté » du penser (la « liberté » de l'architectonique) et l'Idée « pratique » de « liberté » (au sens de la philosophie morale) comme coextensives, s'il est vrai que la « liberté » du penser « constitue » (au sens de l'épigenèse, cf. *supra* II) les différentes « libertés » (Idées de « liberté ») architectoniques, en même « temps » (cf. *infra* ce III) qu'elle fonde toujours déjà, comme Idée de l'architectonique, leur « unité systématique »[48] ? Comme l'écrit Kant dans l'*Opus postumum*, « [la] faculté de penser doit précéder », « le principe pensant de l'homme » étant désigné comme « esprit » (« *mens* »)[49]. La « liberté » de l'esprit serait donc la transcendantalité saisie le plus originairement, soit le principe même de « l'*antecedens*, [de] ce qui précède, [de] l'*a priori* » (cf. Heidegger)[50]. Nous penserions ainsi le transcendantalisme comme « trans-cendantalisme » (au sens du « à distance (trans-) » – nous reprenons la traduction de M. Richir[51] –), avec l'idée qu'en ce « trans- » (du « trans-cendantalisme ») se manifeste l'essence même de la « liberté » de l'esprit, soit le pouvoir de l'esprit d'« être », d'agir et de (se) mettre « à distance »[52]. Mais ce « trans- » doit toujours aussi être pensé comme immanent à l'architectonique, ce que nous avons montré ailleurs en analysant l'Idéal transcendantal (au sens de la première *Critique*) interprété comme Schème architectonique[53], ainsi que les Idées de « racine commune »[54] et de « totalité » architectonique[55] (il ne saurait y avoir, par

---

[48] Kant, *CRP*, AK. III, 540, *o.c.*, p. 675.

[49] Kant, *Opus postumum*, AK. XXI, 29 et 34, *o.c.*, p. 217 et 221.

[50] Heidegger, *Le principe de raison*, trad. A. Préau, Gallimard, Paris, 1983, p. 179.

[51] M. Richir, *L'expérience du penser*, *o.c.*, p. 38.

[52] Cf. nos ouvrages *Le problème de l'architectonique dans la philosophie critique de Kant*, L'Harmattan, Paris, 2009, p. 87-89, et *Kant et la fondation architectonique de l'existence*, *o.c.*, p. 54-55.

[53] Cf. notre ouvrage *L'expérience kantienne de la pensée. Réflexion et architectonique dans la Critique de la raison pure*, *o.c.*, p. 335-364.

[54] Cf. notre ouvrage *L'anthropologie transcendantale de Kant*, *o.c.*, p. 45.

[55] Cf. notre ouvrage *Kant et la fondation architectonique de l'existence*, *o.c.*, p. 81.

principe, le moindre résidu d'une « transcendance » métaphysique – au sens de la *metaphysica naturalis*[56] – dans l'être-en-excès du transcendantalisme au sens de la métaphysique « scientifique »).

Tel nous paraît être le sens de l'idéalisme transcendantal : lorsque Kant conçoit l'acte de la « pensée » comme ce qui « inclut » le « réfléchir » (temporel) – cf. *supra* ce III –, il veut montrer l'« être »-en-excès (« trans-cendantal ») de la « liberté » de l'esprit, ce qui doit s'entendre dans le sens où notre esprit n'« est » rien en dehors des manifestations temporelles de sa transcendantalité.

*

Dans le chapitre précédent, l'acte de penser a été conçu comme articulation de l'« éternité » du « Concept » transcendantal et du « temps », lequel est, comme intuition pure, ouverture (fondationnelle[57]) au temporel. L'acte transcendantal du penser peut ainsi produire un « réfléchir », qui n'est autre que l'auto-affection de la pensée.

Plus précisément, la pensée ne peut « effectuer » les « [liaisons] » entre concepts, pour former des jugements[58], et entre jugements, pour produire des « raisonnements »[59], que « conformément aux formes *a priori* de liaison qu'incarnent les catégories » (C. Piché)[60], la « signification » de ces catégories étant fondée, dans le domaine théorique, sur leur application (« schématisante », au sens du schématisme de l'entendement pur) aux « conditions de la sensibilité »[61], et, dans le domaine pratique (ainsi que pour tout « usage spéculatif » légitime « de la raison »[62]), sur les conditions criticistes d'une pensée légitime du suprasensible (« schématisme » de l'« analogie », cf. *supra* II).

---

56 Kant, *CRP*, AK. III, 41, *o.c.*, p. 108.
57 *Ibid.*, AK. IV, 36-37, *o.c.*, p. 126-127.
58 *Ibid.*, AK. III, 85/IV, 58, *o.c.*, p. 155.
59 Kant, *Logique*, AK. IX, 114, *o.c.*, p. 124.
60 C. Piché, *Kant et ses épigones. Le jugement critique en appel*, *o.c.*, p. 108.
61 Kant, *CRP*, AK. III, 139/IV, 104, *o.c.*, p. 229.
62 *Ibid.*, AK. III, 518, *o.c.*, p.653.

En toute pensée s'articulent donc un pouvoir de synthèse (« l'unité de la synthèse »[63]) et la forme transcendantale du temps (ainsi que celle de la spatialisation comme condition de la *Vorzeichnung*, cf. *supra* II), articulation à concevoir comme possibilisation transcendantale du temporel. Ainsi, le « schématisme » transcendantal (nous entendons par là l'architectonique des fonctions « schématisantes » (cf. *supra* II), soit l'acte par lequel l'esprit « désenveloppe » « épigénétiquement » (cf. *supra* II) sa propre essence transcendantale) fonde toute temporalisation, qu'il s'agisse de (notre pensée de) la nature (« [les] conditions *a priori* d'une expérience possible en général sont en même temps conditions de la possibilité des objets de l'expérience »[64]) ou de notre pensée de la loi morale et de son effectuation (cf. *supra* II).

Il nous est désormais possible de préciser notre problème en y incluant la dimension de la « liberté ».

La « liberté » a été reconnue, au début de ce chapitre, comme l'essence même de la pensée. Nous entendions alors par « liberté » le pouvoir, pour la pensée, de (se) *choisir* (comme) l'architectonique criticiste, c'est-à-dire de produire et d'harmoniser ses contenus en « accord avec les buts les plus élevés de la raison humaine »[65]. Cette « liberté » ne peut, en effet, se concevoir, nous l'avons montré ailleurs[66], que comme instauration (« *auto*-institution ») d'une architectonique dont l'Idée, « révolutionnaire », surgit « tout d'un coup », « spontanément », Idée d'une métaphysique « scientifique » qui rompt, en son principe, avec la « disposition naturelle » à faire de la métaphysique (« *metaphysica naturalis* »)[67].

Mais nous demeurerons à l'extérieur de la chose même aussi longtemps que nous n'aurons pas montré comment la

---

[63] Kant, *CRPr*, AK. V, 104, *o.c.*, p. 221.
[64] Kant, *CRP*, AK. IV, 84, *o.c.*, p. 186.
[65] Kant, *Logique*, AK. IX, 25, *o.c.*, p. 26.
[66] Cf. notre ouvrage *Kant et la fondation architectonique de l'existence*, *o.c.*, p. 18 sq.
[67] Kant, *CRP*, AK. III, 41, *o.c.*, p. 108.

pensée, en sa « liberté », surgit et si elle peut se constituer *librement* comme une *œuvre*, la question étant de savoir si le « temps » dans lequel elle s'inscrit en devenant sensible et en produisant ainsi un « objet de culture » (F. Pierobon)[68] est celui de la causalité naturelle ou, en quelque manière, celui de la « liberté » même.

*

Précisons ici que la « liberté » de l'esprit, en tant qu'elle rend possible l'architectonique critique, doit être conçue comme « pratique » au sens moral du terme (c'est-à-dire dans le sens de la liberté morale, à penser en sa visée « théologique-morale »). L'architectonique critique n'est-elle pas, en effet, en sa fondationalité réfléchissante, une « théologie morale »[69] ? Aucune partie de l'architectonique ne saurait donc aller à l'encontre de « l'unité du but », puisque « toutes les parties se rapportent à cette unité »[70]. Plus précisément, l'architectonique peut, dès lors, être interprétée légitimement comme une « théorie fondée sur le concept de devoir » au sens défini par Kant dans l'ouvrage *Sur le lieu commun : il se peut que ce soit juste en théorie, mais en pratique, cela ne vaut rien*[71], c'est-à-dire dans le sens où, comme le précise F. Proust, la « pratique est la théorie faite pratique ou, ce qui revient au même, [...] la pratique faite théorie », ce que signifie le « fait » d'une « raison [...] pratique par elle-même »[72].

*

La causalité par liberté (ou « absolue spontanéité des causes consistant à inaugurer par soi-même une série de phénomènes qui se déroule d'après des lois de la nature »[73]) est reconnue comme possible à hauteur de l'Idée de la liberté

---

[68] F. Pierobon, « L'architectonique kantienne existe-t-elle comme méthode ? (Quelques remarques sur les travaux récemment parus de Pascal Gaudet) », *o.c.*, p. 313-314.

[69] Cf. notre ouvrage *L'anthropologie transcendantale de Kant*, *o.c.*, p. 57.

[70] Kant, *CRP*, AK. III, 539, *o.c.*, p. 674.

[71] Kant, *Théorie et pratique*, AK. VIII, 276, trad. F. Proust, *o.c.*, p. 47.

[72] F. Proust, *in* Kant, *Théorie et pratique*, Introduction, *o.c.*, p. 7.

[73] Kant, *CRP*, AK. III, 310, *o.c.*, p. 444.

transcendantale dans la première *Critique* (cf. *supra* ce III), mais la « liberté » du penser est alors opposée irréductiblement au « temps » (le « cours du monde »[74]) *dans* lequel elle fait irruption. Or, si un « commencement absolument premier » « relativement au temps » est jugé impossible[75], comment concevoir une « histoire » du penser (et du « réfléchir » (temporel) qu'il « inclut »[76]) *comme* « histoire » de la « liberté » ? Aussi longtemps donc que nous nous situons dans la perspective de l'Idée de la liberté transcendantale au sens de la première *Critique*, la « liberté » étant alors pensée comme « cet inconditionné qui commence absolument une série du monde sensible » (F. Marty)[77] – commencement absolu seulement « par rapport à la causalité » et non pas « relativement au temps »[78] –, comment pourrions-nous concevoir une « durée » de la pensée qui soit celle d'une « liberté » ?

Pourtant, puisqu'« en lui-même, en dehors du sujet », c'est-à-dire de l'esprit, le « temps » « n'est rien »[79] et puisqu'il n'y a qu'« un seul temps »[80], le « temps » de la pensée n'est-il pas nécessairement le même que celui de la nature (le « temps » des objets de l'expérience) ? Dès lors, nous dirions du « temps » qu'il ne passe pas, mais surgit *comme* acte de (l'esprit en sa) « liberté », c'est-à-dire qu'il jaillit du « sujet » (humain).

Nous visons ici la « racine » spirituelle du système des « pouvoirs de connaître » (« entendement », « faculté de juger » et « raison »)[81], cette Idée d'une « racine commune » de la « liberté » et du « temps » (de la pensée) ne devant pas être confondue avec l'Idée de « racine commune »[82] ou « globale »[83],

---

[74] *Ibid.*, AK. III, 312, *o.c.*, p. 446.

[75] *Ibid.*

[76] Kant, *La fin de toutes choses*, AK. VIII, 334, *o.c.*, p. 117.

[77] F. Marty, *L'homme, habitant du monde*, *o.c.*, p. 14.

[78] Kant, *CRP*, AK. III, 312, *o.c.*, p. 446.

[79] *Ibid.*, AK. III, 61/IV, 38, *o.c.*, p. 129.

[80] *Ibid.*, AK. III, 166/IV, 128, *o.c.*, p. 257.

[81] Kant, *CJ*, AK. V, 197, *o.c.*, p. 177.

[82] Kant, *CRP*, AK. III, 46/IV, 25, *o.c.*, p. 113.

[83] *Ibid.*, AK. III, 540, *o.c.*, p. 676.

au sens de la première *Critique*, Idée qui ne concerne alors que notre « faculté de connaître »[84]. Si la « liberté » de l'esprit est toujours en excès sur le « temps » (comme forme transcendantale de sa réceptivité et de son auto-affection) auquel elle s'articule dans le « schématisme » architectonique (conçu comme unité systématique des diverses manifestations « schématisantes », cf. *supra* II), cet « être »-en-excès, par hypothèse propre à la « liberté » « *trans*-cendantale », doit se concevoir comme au-delà de (*et dans*) l'architectonique (cf. *supra* ce III). Afin de saisir plus concrètement la « trans-cendantalité » de l'esprit, nous allons désormais tenter de penser le « surgissement » (cf. *supra* ce III) du « temps ».

*

Dans l'opuscule *La fin de toutes choses*, Kant pense une « fin de tout temps », ce qui le conduit à concevoir le « dernier jour » comme « point du temps » (*Zeitpunkt*), soit comme ce qui « clôt tout temps », mais, cette précision est essentielle pour notre propos, dans le sens où « il y arrive encore quelque chose [soit le « jugement dernier »] » : le « point du temps » est donc *aussi* un « commencement », même s'il s'agit alors du « commencement » de l'« éternité [« où plus rien n'arrive »] »[85]. Ainsi, « à chaque instant, écrit F. Proust, la fin commence, la fin est commencement [...] Chaque jour [...] peut être le dernier [...] quant à l'ordre de la succession temporelle et, en même temps, être l'ultime entrée dans l'éternité »[86].

Cette pensée d'une « interruption » du cours du « temps » est aussi la pensée de ce qui fait effraction comme le « temps » même, soit de ce que F. Proust appelle l'« irruption », la « fulguration », l'« advenue pures » de la « liberté », l'« événement de la liberté » étant alors pensé comme un « instant qui ne dure pas », qui « ne commence pas une nouvelle

[84] *Ibid.*, AK. III, 46/IV, 25, *o.c.*, p.113 et AK. III, 540, *o.c.*, p. 676.

[85] Kant, *La fin de toutes choses*, AK. VIII, 327-328, *o.c.*, p. 107-108.

[86] F. Proust, *Kant le ton de l'histoire*, *o.c.*, p. 102.

série »[87]. Comment donc concevoir la « durée », sinon comme une « création continuée » (en un sens dérivé de Descartes, avec cette différence que la « cause » qui « produit » et qui « crée [...] derechef »[88] est alors non pas Dieu[89], mais l'esprit humain lui-même – qui n'est pensé comme créé par Dieu que sur le mode réfléchissant de la « croyance rationnelle » –) ? L'esprit ferait surgir en chaque « point du temps » *le* « temps » (cf. *infra* IV), manifestant ainsi, en chaque « présupposition » de « la norme indéterminée d'un sens commun » (cf. Kant)[90], en chaque « décision transcendantale » (A.-M. Roviello)[91] de penser – en ces actes inchoatifs, sans cesse à recommencer – la « *trans*-cendantalité » de la « liberté » du (et comme) « temps ».

*

Certes, il faut, en suivant J. Rivelaygue, penser l'articulation du « temps » (l'« Être ») et de la « liberté » (le « devoir-être »), soit des deux « domaines » de la philosophie, comme « tension » (ou « opposition »)[92] (cf. notre introduction). Toutefois, nous ne nous situons pas ici au niveau de la dualité des domaines de la philosophie, mais au « principe » (au sens du désenveloppement épigénétique, cf. *supra* II) de la pensée de cette dualité du « temps » (le théorique) et de la « liberté » (le pratique), « principe » qui n'est autre que l'esprit même en sa structure transcendantale (cf. *supra* ce III). Faut-il pour autant considérer, en vertu de ce que R. Bubner nomme l'« autoréférence comme structure des arguments transcendantaux »[93] – l'argument de R. Bubner visant à montrer que « le raisonnement sur les formes effectives de la

---

[87] *Ibid.*, p. 107-109 ; l'expression « événement de la liberté » renvoie aux pages 85 et suivantes.

[88] Descartes, *Méditations métaphysiques*, trad. de Luynes, PUF, Paris, 1979, p. 74.

[89] Descartes, *Réponses aux Cinquièmes objections*, trad. Clerselier, *in Méditations métaphysiques*, *o.c.*, p. 242.

[90] Kant, *CJ*, AK. V, 239, *o.c.*, p. 220.

[91] A.-M. Roviello, *L'institution kantienne de la liberté*, *o.c.*, p. 53.

[92] J. Rivelaygue, *Leçons de métaphysique allemande* II, *o.c.*, p. 375.

[93] R. Bubner, « L'autoréférence comme structure des arguments transcendantaux », *o.c.*, p. 385.

connaissance et l'explicitation de leurs présuppositions sont impossibles sans l'utilisation de certains éléments de ces formes mêmes de la connaissance »[94] –, faut-il pour autant considérer, disons-nous, que la « tension » (ou « opposition », cf. notre introduction) entre le « temps » et la « liberté », comme structure du système de la philosophie, est immanente à l'esprit qui fonde (épigénétiquement, cf. *supra* II) cette structure, c'est-à-dire est immanente à l'essence même de l'esprit ? De fait, la « liberté » de l'esprit ne se confond pas avec le « temps », puisqu'elle s'articule à lui (cf. *supra* ce III). Pourtant, y a-t-il lieu de penser une « opposition » (cf. notre introduction), constitutive de l'essence de l'esprit, entre le « temps » et la « liberté » ?

A la vérité, si l'acte de l'esprit pensant, en sa « liberté », « inclut un réfléchir qui, lui-même, ne peut se produire que dans le temps », comme l'écrit Kant[95], cela signifie que la « liberté » inclut le temporel (lui « étant », en cela, « transcendant(al)e »). Or, cela n'est possible que si la « liberté » s'articule au « temps », qui, seul, lui donne le pouvoir de temporaliser. Mais si la « liberté » (de l'architectonique) est « transcendant(al)e » au « temps », cela ne peut s'entendre dans le sens d'une « transcendance métaphysique » (cf. *supra* ce III), la (« liberté » de la) pensée n'étant, au fond, que du « temps » qui vise à se rendre « sensible » au moyen de « schèmes » (cf. *supra* II). Ainsi pensons-nous une *cooriginarité* (« dans » l'esprit) de la « liberté » et du « temps », thèse qui se fonde sur l'idée que la « liberté » est le propre de l'esprit et que le « temps » n'est « rien » « en dehors du sujet » (cf. *supra* ce III), c'est-à-dire… de l'esprit.

Or, si le « temps » est, par essence, spirituel, il est donc possible de concevoir pour la pensée une « durée » libre, c'est-à-dire une « historicité », que nous proposons de penser

---

[94] R. Bubner, « Zur Struktur eines transzendentalen Arguments », *in* G. Funke (sous la direction de), *Akten des 4. Internationalen Kant-Kongresses*, de Gruyter, Berlin/New York, 1974, p. 25, cité par C. Piché, *Kant et ses épigones. Le jugement critique en appel*, *o.c.*, p. 108.

[95] Kant, *La fin de toutes choses*, AK. VIII, 334, *o.c.*, p. 117.

comme « création continuée » (cf. *supra* ce III). La question de savoir si le « temps » de cette « historicité » est celui de la « nature » ou celui de la « liberté » (de l'esprit) ne se pose pas, puisqu'il n'y a qu'« un seul temps », qui ne peut être que celui du « sujet » (cf. *supra* ce III).

La « liberté » de l'esprit, comme liberté « pratique » (au sens « moral » du terme, cf. *supra* ce III), produit le « temps », dans le sens où c'est, pour l'esprit (humain), un *devoir* de produire le « temps ». En ce sens, M. Alexandre parle de « l'acte de l'imagination » qui « est celui par lequel l'esprit produit le temps, pour qu'ensuite les choses puissent s'y produire [...] C'est un acte de l'esprit de produire le temps transcendantal sans contenu, c'est-à-dire le schème transcendantal : c'est le devoir que l'esprit s'impose. Le *cogito* n'est pas seulement la conscience intérieure de soi pensant, mais c'est la production à soi d'un temps à remplir »[96]. Si donc le surgissement du penser est autocommencement *du* penser (ce que nous avons proposé ailleurs[97]) ; si le penser surgit comme (raison) « pratique », c'est-à-dire comme ce qui « s'autoproduit »[98], le « temps » peut alors être lui-même interprété, en son surgissement, comme un *devoir* (à être, à faire). Par là, nous proposerions donc de penser, dans la perspective réfléchissante de la (« théologie ») « morale » criticiste, le « sens », la « raison d'être », de la « nécessité » transcendantale de la fonction schématisante (« nécessité », car « il y a une opération de l'imagination [l'opération schématisante] que je ne peux manquer de faire »[99]), du « besoin »[100] de schématisation (intrinsèquement lié à notre finitude).

Mais si le « temps » s'origine dans la « liberté » du « sujet » (de l'« esprit » – « *mens* » –, cf. *supra* ce III) et si l'on

---

[96] M. Alexandre, *Lecture de Kant*, *o.c.*, p. 128.

[97] Cf. notre ouvrage *Kant et la fondation architectonique de l'existence*, *o.c.*, p. 45-50 et p. 61.

[98] F. Proust, *in* Kant, *Théorie et pratique*, Introduction, *o.c.*, p. 7.

[99] M. Alexandre, *Lecture de Kant*, *o.c.*, p. 128.

[100] Cf. Kant, *CRP*, AK. III, 539, *o.c.*, p. 674.

peut déceler chez Kant le fait pour « le sujet de se représenter lui-même et donc de s'auto-affecter » – ce que Reinhold interprétera dans la perspective du constructivisme – (cf. J. Rivelaygue)[101], ce fait, que Kant reconnaît toujours aussi comme une exigence, celle même de penser (et d'agir), ne procède pas, chez lui, d'une raison pratique pensée comme « cause première » ou « fondement » (au sens de la *metaphysica naturalis*) du système philosophique : Kant, en effet, a « remis en cause, comme le souligne J. Rivelaygue, la structure onto-théologique de la métaphysique en niant qu'elle dût être une recherche du fondement » ; il s'opposait ainsi par avance à la « systématicité » au sens de la « méthode constructive » postkantienne[102]. Si la finitude de l'homme est auto-créée, elle est auto-création d'une Idée (la « liberté ») caractérisée par son caractère insondable. La « liberté » de l'« esprit » (humain) s'auto-institue comme (Idée de l')architectonique critique, « auto-institution » à concevoir comme « autonomie » au sens de la philosophie « pratique » (cf. *supra* ce III) : l'esprit s'assigne comme tâche (« devoir », cf. *supra* ce III) de produire cela même qu'il produit par ailleurs nécessairement en vertu de sa nature, soit le « temps ». Tel est le sens du « désenveloppement » « épigénétique » que nous avons reconnu comme propre à l'effectivité de l'architectonique critique (cf. *supra* II). La production du « temps » serait donc à concevoir comme exigence existentielle et, plus précisément, *morale* au sens de la philosophie pratique (cf. *supra* ce III). Si donc Kant ne « déduit » certes pas le « temps » au sens de Reinhold (qui conçoit le « temps » comme « résultat de l'auto-affection de la spontanéité du sujet », « résultat de l'auto-affection du sujet par sa spontanéité, c'est-à-dire par l'imagination transcendantale »), toutefois il n'« [admet] » pas simplement, contrairement à ce que soutient J. Rivelaygue, « en une constatation ou une exposition,

---

[101] J. Rivelaygue, *Leçons de métaphysique allemande* I, Grasset, Paris, 1990, p. 132.
[102] *Ibid.*, p. 130, 132 et 134.

que nous avons une forme *a priori* qui est le temps »[103] : nous situant au niveau d'une recherche fondationnelle sur l'architectonique criticiste[104], nous avons visé à établir que Kant pense le « temps » comme Idée d'une forme transcendantale de l'existence de l'homme, comme s'originant dans une exigence de l'esprit proprement « pratique » (au sens « moral » de la « liberté », cf. *supra* ce III).

Ainsi, la « liberté » de l'esprit fonde (épigénétiquement, cf. *supra* II) les domaines théorique et pratique de la philosophie – c'est-à-dire, selon nous, la structure transcendantale de notre existence – et les « [relie] en un tout »[105] (ce qu'il faut entendre sur le mode du jugement réfléchissant), au sens où l'« esprit » « lie », « unit », comme le souligne Kant dans l'*Opus postumum*, « Dieu » (la « liberté ») et le « monde »[106].

Cette « liberté » de l'esprit, que nous proposons de penser comme « pratique » (cf. *supra* ce III), ressortit sans conteste au « suprasensible », c'est-à-dire, comme le souligne Cassirer, au « supratemporel »[107]. La valeur de l'interprétation de Kant par Cassirer réside dans la prise en considération du « sens nouménal de l'idée de liberté » et dans l'idée que ce « sens » « reste [...] rigoureusement séparé de la manière dont il apparaît, survient et se présente dans la sphère des phénomènes psychiques »[108]. Pour autant, s'il est vrai, comme l'écrit Cassirer, que l'idée de liberté « est un pur « intelligible », sans lien avec des conditions purement temporelles »[109], ne faut-il pas considérer que l'opposition des « deux « points de vue » » que sont le « *mundus*

---

[103] *Ibid.*, p. 131-132.

[104] Sur la dimension « insondable » de cette « fondationalité », cf. notre ouvrage *Kant et la fondation architectonique de l'existence*, *o.c.*, p. 75-82.

[105] Kant, *CJ*, AK. V, 176, *o.c.*, p. 155.

[106] Kant, *Opus postumum*, AK. XXI, 23, *o.c.*, p. 209.

[107] E. Cassirer, « Kant et le problème de la métaphysique. Remarques sur l'interprétation de Kant proposée par M. Heidegger », trad. P. Quillet, *in Ernst Cassirer-Martin Heidegger, Débat sur le Kantisme et la Philosophie (Davos, mars 1929)*, *o.c.*, p. 74.

[108] *Ibid.*, p. 71.

[109] *Ibid.*

intelligibilis » et le « *mundus sensibilis* »[110] n'est pas absolue ? Kant ne pense-t-il pas à la fois « [l'impossibilité] » d'un « passage » entre la nature et la liberté et l'Idée d'un « fondement de l'*unité* du suprasensible, qui est à la base de la nature, avec ce que le concept de liberté contient dans le registre pratique »[111] ? Or, n'est-ce pas précisément parce que l'opposition entre la nature et la liberté est *architectonique* qu'un passage peut, « doit », être pensé du « domaine du concept de la liberté » à celui du concept de la nature[112] ? L'architectonique, comme Idée de système, est, en effet, pensée, expérimentation, des « passages », ce que nous entendons dans le sens de la théorie des « schématismes » (« schématisme » de l'entendement pur et « schématisme de l'analogie », cf. *supra* II), ces « schématisations » manifestant l'essence même – « schématisante » (systématisante) – de l'esprit (en sa « liberté » « pratique », cf. *supra* ce III). Nous pouvons donc penser, sur le mode du jugement réfléchissant, la cooriginarité « spirituelle » du « temps » (le domaine théorique) et de la « liberté » (le domaine pratique). Quant à l'« esprit » lui-même, comme pouvoir de penser, il ne serait autre, selon ce qui précède, que « liberté » (« pratique ») « temporalisante ». Plus précisément, s'il est légitime de penser, en suivant Cassirer, que « la distinction entre « phénomènes » et « noumènes » » ne doit jamais « [s'effacer] »[113], ce « dualisme » de l'« être » et du « devoir-être »[114], en tant qu'il constitue l'être-humain, « existe », et il ne peut « exister » (effectivement, c'est-à-dire de manière déterminée (temporellement)) que dans le passage du « penser » au « réfléchir »[115] (passage constitutif des « schématismes » théorique et pratique), soit comme cette

---

110 *Ibid.*, p. 69-70.

111 Kant, *CJ*, AK. V, 176, *o.c.*, p. 154.

112 *Ibid.*, AK. V, 175-176, *o.c.*, p. 154.

113 E. Cassirer, « Kant et le problème de la métaphysique. Remarques sur l'interprétation de Kant proposée par M. Heidegger », *o.c.*, p. 72.

114 *Ibid.*, p. 73.

115 Kant, *La fin de toutes choses*, AK. VIII, 334, *o.c.*, p. 117.

« temporalisation » fondée, nous avons visé à l'établir, dans une « cooriginarité » « spirituelle » de la « liberté » et du « temps » (cf. *supra* II et ce III).

*

Ainsi, l'« histoire » de la « liberté » peut se concevoir, chez Kant, en deux sens. Dans un premier sens, elle « apparaît, écrit J.-A. Barash, [en tant qu'« histoire de la vérité »] comme l'ajustement de principes imparfaits aux normes pures, elles-mêmes aussi intemporelles que les structures sous-jacentes de la conscience qui ont permis de postuler ces normes » (J.-A. Barash se référant au dernier chapitre de la *Critique de la raison pure* : « Histoire de la raison pure », « et surtout » à l'essai intitulé *Idée d'une histoire universelle au point de vue cosmopolitique*)[116]. Cette « histoire » peut être pensée comme l'« histoire » discontinue des « points du temps » (cf. *supra* ce III) comme « points de liberté » (tel serait le sens de l'interprétation kantienne des philosophies antérieures au criticisme[117]). Mais, dans un second sens, l'« histoire » de la « liberté » peut se concevoir comme « création continuée » de « liberté » : il s'agit alors de la « durée » propre à la « pensée » comme architectonique criticiste (cf. *infra* IV). L'auto-institution et la mise en œuvre de l'architectonique comme « science » est donc l'« histoire » d'une « liberté » qui *est* la « vérité » même.

---

116 J.-A. Barash, *Heidegger et le sens de l'histoire*, *o.c.*, p. 42-43 et p. 312 (note 19).

117 Cf. Kant, *Réponse à Eberhard*, AK. VIII, 247-248, *o.c.*, p. 105-108 ; cf. également G. Lebrun, *Kant et la fin de la métaphysique*, *o.c.*, p. 14 et 21.

CHAPITRE IV

Perspectives de recherche

Puisqu'il n'y a qu'« un seul temps »[1], qui, « en dehors du sujet », « n'est rien »[2], poursuivre notre exploration du « temps » (en son surgissement et en sa durée) doit nous permettre de mieux saisir l'essence de notre subjectivité, soit son origine, sa « liberté », qui, selon notre hypothèse, serait la « trans-cendantalité » même du « temps » (cf. *supra* III). Mais si la « liberté » du « temps » est la « racine » (cf. *supra* III) de notre Être (l'être-homme en sa transcendantalité comme en sa détermination psychologique ou en son action), est-il légitime de penser cette « liberté » comme « pratique » au sens kantien (cf. *supra* III) ? Cette « liberté » peut-elle (doit-elle) s'apprécier dans la perspective téléologique de l'« éthique » de l'architectonique critique (par « éthique » criticiste, nous entendons la réflexion « théologique-morale » au sens du *Glauben* (cf. *supra* III), réflexion qui porte sur le « sens » de notre existence et sur la manière « proprement » « humaine » d'exister) ? Quel sens y aurait-il à assigner à la « liberté » de notre Être (et du « temps ») un « but » (au sens de l'architectonique criticiste), c'est-à-dire à donner une « loi » à cela même qui, par essence, doit s'entendre comme pouvoir de se donner sa propre « loi » et, qui plus est, à lui prescrire tel « devoir » (cf. *supra* III) plutôt que tel autre ? Dès lors, de quel droit distinguer, parmi tous les sens qu'il est possible de donner à l'existence, un sens « proprement » « humain » ? Si la « liberté » de notre Être (et du « temps ») est « trans-cendantale », c'est-à-dire « est », agit et se met « à distance » (cf. *supra* III) de toute « institution » (au sens de M. Richir[3]) (ce qui nous paraît

---

[1] Kant, *CRP*, AK. III, 166/IV, 128, *o.c.*, p. 257.

[2] *Ibid.*, AK. III, 61/IV, 38, *o.c.*, p. 129.

[3] M. Richir, *L'expérience du penser*, *o.c.*, p. 14.

être la signification de l'Idée même d'une métaphysique « scientifique » au sens du criticisme) ; si cette « liberté » n'a d'autre raison d'être qu'elle-même (en tant qu'« absolue spontanéité »[4]) et « est », par hypothèse, la raison de notre Être ainsi que de tout ce qui est pour nous (nous laissons ici de côté la question de Dieu au sens de la perspective criticiste de la « théologie morale »), quel sens pourrait alors avoir une réflexion « éthique » qui prétendrait avoir prise sur cette « liberté » en lui assignant (comme de l'« extérieur ») tel ou tel but ? Comment, en effet, ce *choix* « éthique », en vertu duquel nous ferions exister la « liberté », pourrait-il avoir une autre origine que cette « liberté » même ?

A la vérité, la « liberté » « trans-cendantale » (comme « racine » (cf. *supra* III) de l'Être et du « temps ») n'est-elle pas « trans-cendantale » (cf. *supra* III) à la transcendantalité même de l'architectonique criticiste ? Cette « liberté », par hypothèse la plus originaire, n'est-elle pas transformée par une certaine « tradition », au moment où (et afin qu')elle s'institue comme criticisme, c'est-à-dire « liberté » disciplinée architectoniquement ? Les « sources » du criticisme seraient-elles donc toujours déjà déterminées par une « institution » (cf. *supra*) ? Ou faut-il penser que la « liberté » « trans-cendantale » la plus originaire (cf. *supra*) s'auto-institue comme « science » métaphysique (au sens du criticisme), soit comme « système » de *la* « liberté » même ? Mais comment penser alors ce « système » comme « totalité »[5] ? Nous avons montré ailleurs[6] que cette question est au cœur de la recherche sur l'essence de notre « subjectivité ». Comment donc penser la « fondation » (« *auto*-fondation ») du « système » critique ? Et, plus généralement, la « fondation » de tout « système » ?

Cela nous conduit à l'idée d'une critique de la Critique elle-même. Ainsi, comment mettre à l'épreuve la légitimation

---

[4] Cf. Kant, *CRP*, AK. III, 310, *o.c.*, p. 444.

[5] *Ibid.*, AK. III, 538-539, *o.c.*, p. 674.

[6] Cf. notre ouvrage *Kant et la fondation architectonique de l'existence*, *o.c.*, p. 80-82.

criticiste de la métaphysique « scientifique » ? Quelle pourrait être (et comment établir) la légitimité d'une réflexion qui jugerait (de l'« extérieur » ?) le système criticiste ? Comment penser le « lieu » (« transcendantal ») d'une telle « extériorité » ?

Par ailleurs, puisque toute chose, de quelque nature qu'elle soit, doit pouvoir être pensée en sa « transcendantalité », c'est-à-dire en sa possibilisation transcendantale (ce que nous entendons au sens de l'idéalisme criticiste), comment concevoir l'origine de cette « transcendantalité » ? Est-elle « auto »-instituée ? Se constitue-t-elle à partir d'une « trans-cendantalité » la plus originaire (dont il faudrait penser le statut : relève-t-elle du « phénoménologique » au sens richirien ? ; mais comment penser alors son articulation à l'« institution », toujours au sens richirien ?) ? Faut-il donc penser toute transcendantalité comme dérivée d'une « trans-cendantalité » la plus originaire, soit celle de la « liberté » même (de l'esprit) en son indéterminité foncière, en son absolue « trans-passibilité »-« trans-possibilité », au sens de H. Maldiney[7] ? Mais comment penser cette « dérivation » ? S'agissant de certains « modes d'exister » (L. Binswanger)[8], ne doit-on pas reconnaître en cette « dérivation » la constitution d'une « anomalie » (Husserl)[9], telle l'« existentialité » (nous entendons par là la fondation transcendantale d'une manière d'exister) propre à la « psychose » (cf. H. Maldiney)[10] ?

Mais la métaphysique criticiste, quant à elle, ne peut-elle pas (ne doit-elle pas) être jugée, précisément en tant que « science », comme « trans-cendantale » (au sens de la « trans-passibilité »-« trans-possibilité » dont il vient d'être question) ? C'est du moins ce que nous avons cru pouvoir établir ailleurs[11]. S'il en est ainsi, quel sens y aurait-il à penser une

---

[7] H. Maldiney, *Penser l'homme et la folie*, *o.c.*, p. 114, p. 321-322, p. 313.

[8] L. Binswanger, *Introduction à l'analyse existentielle*, trad. J. Verdeaux et R. Kuhn, Minuit, Paris, 2008, p. 140.

[9] Husserl, *Méditations cartésiennes*, *o.c.*, p. 106.

[10] H. Maldiney, *Penser l'homme et la folie*, *o.c.*, p. 316.

[11] Cf. notre ouvrage *Kant et la fondation architectonique de l'existence*, *o.c.*, p. 37-40.

« trans-cendantalité » plus originaire que celle de la métaphysique criticiste ? Ainsi se pose, le plus radicalement, le problème de l'*auto*-institution du « système » criticiste (qui est toujours aussi le problème de l'institution de l' « *autos* », ce qui s'inscrit dans notre recherche sur la « subjectivité »...).

*

Sitôt que l'acte de l'esprit opère (par exemple, quand un « objet nous est donné »[12] ou quand nous pensons), du « temps » est à l'œuvre. Ainsi, la « matière » (« ce qui [« dans le phénomène »] correspond à la sensation »)[13] nous « livre du divers » (A. Renaut)[14], lequel est « ordonné selon [...] [des rapports] » (d'espace et) de temps, le « temps » surgissant comme « forme du phénomène »[15] ; cette temporalité « phénoménologique » « se combine »[16] toujours déjà transcendantalement à de la temporalité « logique », celle de « l'activité » schématisante « de synthèse » (A. Renaut)[17], à concevoir comme « détermination » de l'intuition pure du temps par les « schèmes transcendantaux des concepts purs de l'entendement »[18].

Ces amorces et ces mises en œuvre du « temps », qui s'inscrivent dans une articulation « schématisante » (au sens du schématisme de l'entendement pur) du « phénoménologique » et du « logique », doivent être pensées comme « fondation » même de l'existence (de – et pour – l'homme) ; nous les reconnaîtrions comme surgissement et « durée » de l'« *autos* » (d'où le problème de l'*auto*-« fondation » propre au « sujet » (humain)).

*

---

[12] Kant, *CRP*, AK. III, 49/IV, 29, *o.c.*, p. 117.

[13] *Ibid.*, AK. III, 50/IV, 30, *o.c.*, p. 118.

[14] A. Renaut, *Kant aujourd'hui*, *o.c.*, p. 213.

[15] Kant, *CRP*, AK. III, 50/IV, 30, *o.c.*, p. 118.

[16] *Ibid.*, AK. III, 75/IV, 48, *o.c.*, p. 144.

[17] A. Renaut, *Kant aujourd'hui*, *o.c.*, p. 213.

[18] Kant, *CRP*, AK. III, 134/IV, 99, *o.c.*, p. 225, et AK. III, 136/IV, 102, *o.c.*, p. 227.

Nous avons pu reconnaître[19] dans l'Idéal transcendantal (« *prototypon transcendantale* »[20]) de la première *Critique* le surgissement même de la « liberté » (du penser) comme « trans-cendantalité » (cf. *supra* III et ce IV) (ou « transcendant-alité »). Or, comme nous l'avons montré ailleurs[21], il est possible de distinguer, dans cet Idéal (du) transcendantal (que Kant nomme le « *substratum transcendantal* »[22]), deux dimensions qui correspondent analogiquement à la dualité du « phénoménologique » et du « logique » (cf. *supra* ce IV) qu'articule le schématisme de l'entendement pur. La « réserve de matière »[23], qui n'est autre que « la possibilité dans sa totalité, comme ensemble global de tous les prédicats des choses en général »[24], peut être pensée comme amorce d'une « temporalité » que nous nommerons, par analogie, « phénoménologique », cette « matière » ayant, en effet, une fonction analogue à celle de la « matière du phénomène » au sens de l'Esthétique transcendantale, laquelle est toujours déjà articulée aux formes transcendantales de l'intuition, donc au « temps » : cette « matière » (en « réserve ») est donnée pour un « pouvoir » que nous nommerons « logique », par analogie avec le pouvoir de « synthèse » au sens de l'Analytique transcendantale ; ce pouvoir est, en effet, conçu comme un « acte » qui « [tire] » de la « réserve de matière » (cf. *supra*) « tous les prédicats possibles des choses »[25], mettant ainsi en œuvre, par hypothèse, l'épigenèse (cf. *supra* II) « schématisante » (au sens du « schématisme » de l'Idée architectonique, cf. *supra* II). Ainsi, « phénoménologique »

---

[19] Cf. notre ouvrage *L'expérience kantienne de la pensée. Réflexion et architectonique dans la Critique de la raison pure*, *o.c.*, p. 335-378.

[20] Kant, *CRP*, AK. III, 385, *o.c.*, p. 513.

[21] Cf. nos ouvrages *Le problème de l'architectonique dans la philosophie critique de Kant*, *o.c.*, p. 106-115, et *Kant et la fondation architectonique de l'existence*, *o.c.*, p. 38-39 et p. 54 sq.

[22] Kant, *CRP*, AK. III, 388, *o.c.*, p. 520.

[23] *Ibid.*

[24] *Ibid.*, AK. III, 385, *o.c.*, p. 518.

[25] *Ibid.*, AK. III, 388, *o.c.*, p. 520.

signifie ici : surgissement d'une « matière » (à « penser »), que nous nommerons la « matière » transcendantale (ou du transcendantal) ; quant au terme « logique », il désigne une proto-synthèse, c'est-à-dire une synthèse plus originaire que celle qui fonde l'objectivité de la connaissance (l'Idéal transcendantal, comme point culminant de l'architectonique théorique, met au jour, selon notre hypothèse, l'origine même du transcendantalisme théorique).

Mais comment (selon quel principe) la « pensée » (en son « acte » le plus originaire, cf. *supra* ce IV) « actualise »-t-elle les amorces de « temporalité » (« temporalité » que nous concevons comme « phénoménologique », par analogie avec la structure transcendantale du « phénomène » au sens de l'Esthétique transcendantale, cf. *supra* ce IV) qui constituent la « matière transcendantale » (cf. *supra* ce IV) de toute « signification » possible ? Quant aux *a priori* esthétiques et logiques qui structurent transcendantalement la pensée criticiste, faut-il les concevoir comme « donnés » dans la « matière transcendantale », prêts à y être « découpés » par la pensée ? Sont-ils « dérivés » de la « réserve de matière » conçue comme « possibilité [...] originaire »[26] ? Comment penser alors cette « dérivation » ? L'« acte » le plus originaire (cf. *supra* ce IV) de l'« épigenèse » (cf. *supra* II) doit-il donc se concevoir, en tant qu'autocommencement du penser, comme « trans-cendantal » (cf. *supra* III et ce IV) aux formes *a priori* de l'esprit ? Mais comment en serait-il ainsi, s'il est vrai que l'« épigenèse » est toujours aussi l'œuvre d'un « désenveloppement » (cf. *supra* II) par l'esprit de ses propres structures ? Ce qui surgit le plus originairement comme « pensée » (soit, par hypothèse, l'« acte » même (cf. *supra* ce IV) de « constitution » (épigénétique, cf. *supra* II) des « éléments » transcendantaux à partir de la « matière transcendantale » (cf. *supra* ce IV)) ne doit-il pas toujours déjà, en tant que principe de la métaphysique « scientifique », être structuré conformément à la transcendantalité criticiste ? Et, en même temps, n'y a-t-il pas

[26] *Ibid.*, AK. III, 386, 388 et 389, *o.c.*, p. 518, 520 et 521.

lieu de concevoir ce principe, précisément en tant qu'il met en œuvre la « science » métaphysique, c'est-à-dire en tant que principe faisant effraction en toute « liberté », comme « trans-cendantal » (cf. *supra* III et ce IV) à toute « institution » (cf. *supra* ce IV) et à l'*a priori* même ? Ne serait-ce pas le sens de la théorie kantienne de l'« acquisition originelle »[27] de l'*a priori* ? Mais la « trans-cendantalité » à l'*a priori* ne signifie pas une extériorité absolue, puisque, comme nous l'avons montré ailleurs[28], l'esprit, pour Kant, « arrive de lui-même *a priori* » à ses formes mêmes[29]. Comment donc penser l'origine de l'a priorité ? Une telle interrogation est légitime, quand il s'agit de questionner radicalement la « transcendantalité » de l'esprit.

*

Par ailleurs, nous avons confronté « la » temporalité de l'Idéal transcendantal à celle du « schématisme » esthétique – « sans concepts » – (cf. *supra* II), reconnaissant dans ce « schématisme » l'articulation d'une dualité analogue à celles qui œuvrent dans la théorie de la possibilité (des objets) de l'expérience ou dans l'Idéal transcendantal, et que nous nommerons, une nouvelle fois, dualité du « phénoménologique » (le « schématisme » de la « phénoménalisation », cf. *supra* III) et du « logique » (ce qui s'entend seulement par analogie avec la « logique » au sens de la synthèse transcendantale qui fonde l'objectivité de la connaissance, puisque, comme nous l'avons montré[30], le « temps » de l'« entendement » (comme acteur du jugement de goût) est le « temps » d'un pouvoir plus originaire que celui du « schématisme » des catégories (au sens de la première *Critique*)).

Ainsi avons-nous établi que les temporalités à l'œuvre dans l'architectonique s'articulent sans jamais se confondre

[27] Kant, *Réponse à Eberhard*, AK. VIII, 221, *o.c.*, p. 71.

[28] Cf. notre ouvrage *Kant et la fondation architectonique de l'existence*, *o.c.*, p. 53.

[29] Kant, *Réponse à Eberhard*, AK. VIII, 221, *o.c.*, p. 71.

[30] Cf. notre ouvrage *Kant et la fondation architectonique de l'existence*, *o.c.*, p. 57-62.

(cf. *supra* II) et qu'un « temps » unique se manifeste, c'est-à-dire temporalise, sous des formes diverses (cf. *supra* II et III). Mais il faut aller plus loin et penser cette architectonique du « temps » (des « temporalisations ») comme teneur concrète de toute existence (tout homme éprouve simultanément (et successivement) des états de conscience dont les temporalisations – qui s'articulent – diffèrent en fonction du « pouvoir de connaître » (« entendement », « faculté de juger », « raison »)[31] auquel ils se rapportent) et de l'intersubjectivité.

Mais peut-on concevoir une architectonique du « temps » abstraite de la « forme » de l'« espace » ? Dans la mesure où l'esprit humain est incarné – l'homme étant « habitant du monde »[32] –, la temporalisation n'est-elle pas indissociable de la spatialisation (à cet égard, n'avons-nous pas déjà souligné ce qu'a d'essentiel le recours à la *Vorzeichnung* dans l'acte de penser, cf. *supra* II ?) ?

*

Si *le* « temps » surgit en chaque « point du temps », à chaque « instant » de l'acte recréateur (cf. *supra* III), cela ne peut s'entendre que dans le sens où le « temps est au regard de la simultanéité potentielle infini [Par conséquent, ajoute Kant, nous nous représentons l'espace comme *actualiter* infini] »[33]. « [Les] parties de l'unique temps ne pouvant jamais être données ensemble, commente M. Fichant, son infinité comme Tout n'est que potentielle, alors que la co-donation des espaces partiels présuppose l'actualité du Tout de l'espace [...] Le temps est un maintenant, suivi d'un autre maintenant, à l'infini, sans possibilité de réunion actuelle des uns et des autres »[34]. Ainsi, *le* « temps » surgit à chaque fois comme « maintenant ». S'agissant de chaque « maintenant » du « désenveloppement »

[31] Kant, *CJ*, AK. V, 197, *o.c.*, p. 177.

[32] Kant, *Opus postumum*, AK. XXI, 31, *o.c.*, p. 219.

[33] Kant, *Réflexion* 4046, AK. XVII, cité par M. Fichant, « « L'espace est représenté comme une grandeur infinie donnée » : la radicalité de l'Esthétique », *Philosophie*, n° 56, Minuit, 1997, p. 33.

[34] M. Fichant, « « L'espace est représenté comme une grandeur infinie donnée » : la radicalité de l'Esthétique », *o.c.*, p. 33.

architectonique (qui est toujours aussi « épigenèse » (cf. *supra* II), c'est-à-dire initiative de l'esprit, « temps » de la « création »[35], soit acte de « liberté »), comment serait-il le « maintenant » d'une *pensée*, s'il devait se concevoir comme « instant mathématique » au sens de Bergson, c'est-à-dire comme « limite, purement théorique, qui sépare le passé de l'avenir »[36] ? Comment serait-il alors à proprement parler « présent », s'il n'était pas le « maintenant » d'une « conscience temporelle » (cf. Husserl)[37] ?

Plus précisément, chaque « maintenant » architectonique n'est-il pas « rempli et saturé » (au sens d'une « prégnance », cf. *supra* II *in fine*) de ce qui a été pensé et de ce qui *devra* l'être (au sens d'une téléologie « morale », cf. *supra* III) ? Mais comment penser alors la « présence » d'une conscience qui est, à chaque « instant », mémoire et anticipation (ce qu'il faut tenter de concevoir en un sens « architectonique », c'est-à-dire dans le sens d'une interaction des contenus du « système ») ?

En outre, comment ce « temps » de l'esprit, « temps » « subjectif » qui se manifeste comme à l'état pur dans la « pensée » (au sens de la métaphysique « scientifique »), peut-il « se faire » « temps » de la nature (« temps » « objectif ») ?

Par ailleurs, ne faut-il pas penser une « prégnance » (cf. *supra* II, *in fine*) de l'« espace » (en son « infinité »[38], cf. *supra*) « dans » chaque « point du temps » (cf. *supra* III), et inversement une « prégnance » du « temps » en toute spatialisation ? Comment donc concevoir la « donation actuelle, en chaque maintenant, de l'espace tout entier » (M. Fichant)[39], soit la spatialisation originaire ? Le « point du temps » serait-il le « point » de jaillissement de l'« espace » ?

---

[35] Cf. notre ouvrage *Kant et le problème du transcendantalisme*, L'Harmattan, Paris, 2006, p. 80-81.

[36] H. Bergson, *L'énergie spirituelle*, PUF, Paris, 1985, p. 5-6.

[37] Husserl, *Sur la phénoménologie de la conscience intime du temps*, trad. J.-F. Pestureau (révision de M. Richir), Millon, Grenoble, 2003, p. 84.

[38] Kant, *CRP*, AK. III, 53/IV, 33, *o.c.*, p. 121.

[39] M. Fichant, « « L'espace est représenté comme une grandeur infinie donnée » : la radicalité de l'Esthétique », *o.c.*, p. 33.

Dans la Remarque sur le système des principes (ajout de la deuxième édition de la *Critique de la raison pure*), Kant écrit : « [...] Encore plus remarquable est-il [...] que pour comprendre la possibilité des choses suivant les catégories et donc pour démontrer la réalité objective de ces dernières, nous ayons besoin, non simplement d'intuitions, mais même toujours d'intuitions externes »[40]. Ainsi, « [l']espace, commente Heidegger, s'insère dans le schématisme pur »[41]. Heidegger souligne alors que le temps peut s'entendre chez Kant en deux sens : si le temps est compris comme « suite pure de la série des maintenant », il faut reconnaître que « l'espace pur comme intuition pure n'est pas moins transcendantalement enraciné dans l'imagination transcendantale que « le temps » [...] Il est [donc] de fait que l'espace est toujours et nécessairement en un certain sens identique au temps ainsi conçu » ; mais si le temps est conçu comme « affection pure de soi », comme il « doit » l'être si l'on veut « [comprendre] » le « schématisme transcendantal [...] en sa plus intime nature », alors il faut reconnaître le temps comme « le fondement originel de la transcendance [comme étant « seul à former originellement la transcendance »] » : en effet, « [comme] tel, il est aussi la condition de possibilité de tout acte formateur de représentation, c'est-à-dire qu'il rend manifeste l'espace pur [...] [L']espace, tout comme le temps, appartient à l'être-soi fini, [...] [lequel], précisément en raison du fait qu'il est fondé sur le temps originel, est également « spatial » en son essence »[42].

Ainsi, la temporalisation-spatialisation originaire est conçue comme un acte de l'esprit, c'est-à-dire de la « subjectivité ». Mais comment, de là, penser l'intersubjectivité, problème qui requiert de s'interroger sur l'essence du « langage », soit sur l'Idée de communicabilité, sur l'exigence de partageabilité, au cœur de l'Idée kantienne de la « pensée »,

[40] Kant, *CRP*, AK. III, 200, *o.c.*, p. 292.
[41] Heidegger, *Kant et le problème de la métaphysique*, *o.c.*, p. 254.
[42] *Ibid.*, p. 254-255.

c'est-à-dire du « sens commun » ? Faut-il « concevoir, comme le propose M. Richir, la priorité originaire du monde en tant que lieu d'un véritable sens commun phénoménologique – proche du « *sensus communis* » kantien »[43] ? Ou, à tout le moins, ne faut-il pas penser à nouveaux frais la relation intrinsèque de l'« homme » au « monde », et ce, dans le sens d'une réévaluation (revalorisation) du « monde » ? Qu'est-ce donc qu'« habiter le monde », ce que Kant reconnaît comme l'essence même de l'« homme » (cf. *supra* ce IV) ?

*

L'idée d'une « création continuée » du « temps » (cf. *supra* III) dit la « fragilité » (cf. F. Marty)[44] de l'existence, sa contingence, et cela se manifeste en tout acte de pensée. Ainsi, la pensée, en son exigence de réinstitution incessante (cf. *supra* III), ne fait-elle pas, à chaque « instant » (cf. *supra* III), ce que nous reconnaîtrions comme l'« épreuve concrète » de ce que M. Richir nomme, dans sa propre perspective, ce « possible » qu'est l'« horizon » de sa « mort »[45] ?

Soulignons ici l'intérêt d'une recherche sur la « durée » biologique (en l'occurrence la « durée » propre à l'être *vivant* humain) et sur son articulation au « temps » (de l'esprit), notamment en ce qui concerne la question de la « mort » – comme « fin de tout temps »[46] – (puisque le « temps » surgit comme acte d'un esprit (cf. *supra* III) incarné (cf. *supra* ce IV)). A ce propos, la question de l'articulation du « temps » (de l'esprit) à la « durée » de la « force vitale »[47] – « durée » qu'il s'agirait de concevoir – ne permettrait-elle pas de penser un passage d'une théorie de la « création continuée » (cf. *supra* III)

---

[43] M. Richir, *in* J. Patočka, *Qu'est-ce que la phénoménologie ?*, Préface, Millon, Grenoble, 1988, p. 11.

[44] F. Marty, « La loi morale comme commandement divin dans l'*Opus postumum* », *in* M. Castillo (sous la direction de), *Criticisme et religion*, L'Harmattan, Paris, 2004, p. 47.

[45] Cf. M. Richir, *in* F. Pierobon, *Kant et la fondation architectonique de la métaphysique*, *o.c.*, Préface, p. 8.

[46] Kant, *La fin de toutes choses*, AK. VIII, 327, *o.c.*, p. 107.

[47] Kant, *Anthropologie du point de vue pragmatique*, AK. VII, 167, *o.c.*, p. 123.

à une théorie de la « durée » comme « flux » ? Mais comment concevoir ce « flux » ? Le « temps » (de l'esprit) (cf. *supra* III) ne serait-il pas toujours déjà le « temps » du « corps dans sa stature, sa forme spatiale organique et [de] l'intime du rapport au vivre », soit le « temps » du « *Leib* » (le « corps propre », la « chair ») au sens de Husserl[48] ? Mais, si le « sujet » kantien (l'« esprit ») doit toujours se concevoir comme incarné, c'est-à-dire à la fois spirituel et sensible (l'« homme » étant un « être sensible raisonnable dans le monde »[49]), comment penser sa « liberté » (cf. *supra* III), puisque précisément l'homme est défini comme « être sensible [...] conscient de sa liberté », « être sensiblement pratique dans le monde »[50] ? Comment donc le « temps » peut-il être conçu comme (surgissant d'un acte de) « liberté » (cf. *supra* III), s'il est toujours déjà le « temps » du « corps propre » (cf. *supra*) et de son « *Leben* » (sa « dimension vitale »)[51] ? Ainsi, comment concevoir une architectonique criticiste de l'« esprit » et de la « vie » (humaine) ? Et que penser de la thèse kantienne selon laquelle ce problème ne peut être traité que dans la perspective « réfléchissante » (au sens de la troisième *Critique*) d'un « passage » de la « liberté » à la « nature » ?

*

Si la « liberté » est le pouvoir de choisir, est-ce que je choisis la « liberté » elle-même ? « Heidegger, écrit T. Gontier, montre qu'il n'y a de liberté pour Kant que dans la soumission à l'impératif catégorique, impératif dont la caractéristique essentielle est de venir *d'ailleurs* : « Je ne me suis pas donné la liberté à moi-même [c'est Heidegger ici qui s'exprime], bien que

---

[48] Cf. E. Escoubas, *in* Husserl, *Idées directrices pour une phénoménologie et une philosophie phénoménologique pures, Livre second, Recherches phénoménologiques pour la constitution*, PUF, Paris, 2004, p. 408 et 412.

[49] Kant, *Opus postumum*, AK. XXI, 31, *o.c.*, p. 219.

[50] *Ibid.*

[51] Cf. E. Escoubas, *in* Husserl, *Idées directrices pour une phénoménologie et une philosophie phénoménologique pures, Livre second, Recherches phénoménologiques pour la constitution*, *o.c.*, p. 410.

ce soit seulement par l'être-libre que je puis être moi-même » »[52]. Dès lors, la « finitude » de notre existence (et de notre pensée) se manifeste dans son « auto »-fondation *comme* acte de « liberté ».

Mais si l'homme est toujours déjà « libre », comme le soutient Kant (« on ne peut mûrir pour la liberté, si l'on n'a pas été mis au préalable en liberté (il faut être libre pour pouvoir se servir utilement de ses forces dans la liberté) »[53]), quel sens y a-t-il à distinguer des manières d'exister qui seraient « libres » et d'autres qui ne le seraient pas ? Est-ce à la condition de « se choisir » « libre » (dans le sens de l'exigence de la « pensée ») qu'une existence peut être (reconnue comme) « proprement » « humaine » ? Mais, selon ce qui précède, (comment) ce « choix » de la « liberté » est-il possible ?

S'il y a sans conteste divers usages possibles de la « liberté », selon quels critères les juger ? Par ailleurs, la « liberté » de notre Être (cf. *supra* ce IV) ne se « situe »-t-elle pas « au-delà » (« trans- ») de toute considération « axiologique », soit à un niveau que nous désignerions, en ce sens, comme purement « ontologique » ? N'est-ce pas à ce niveau que peut être saisie le plus originairement la « trans-cendantalité » (cf. *supra* III et ce IV) ?

Mais toute transcendantalité, quelle que soit l'existence qu'elle rend possible, n'est-elle pas « trans-cendantale », en tant qu'elle se fonde dans la « liberté » originaire (au sens où je « suis » « libre », cf. *supra* ce IV) ? Comment, dans ces conditions, peut-il être légitime, s'agissant, par exemple, de la maladie mentale envisagée comme « mode d'exister »[54], de parler de « déficience »[55] existentielle ?

---

[52] T. Gontier, « Finitude du *Dasein*, Finité humaniste », *in* B. Pinchard (sous la direction de), *Heidegger et la question de l'humanisme*, *o.c.*, p. 19. Le propos de Heidegger est extrait de : *Débat sur le Kantisme et la Philosophie*, trad. P. Aubenque, *o.c.*, p. 44.

[53] Kant, *La religion dans les limites de la simple raison*, AK. VI, 291, *o.c.*, p. 202.

[54] L. Binswanger, *Introduction à l'analyse existentielle*, *o.c.*, p. 140.

[55] *Ibid.* Cf. également L. Binswanger, *Délire*, trad. J.-M. Azorin et Y. Totoyan, revue par A. Tatossian, Millon, Grenoble, 1993, p. 18.

Faut-il reconnaître, au contraire, en certaines transcendantalités (ou « existentialités », cf. *supra* ce IV) un « défaut » du « trans- » (cf. *supra* III et ce IV) ? Mais de quel droit parler ici de « défaut » ? Y a-t-il alors (« auto »-)négation de l'être-libre ? Mais comment concevoir cette « auto-négation » et sa possibilité même (cf. *supra* ce IV) ? Y a-t-il lieu de penser des modes « impropres » (« improprement » « humains ») de l'être-libre ?

Ainsi, notre recherche ouvre sur la question de la légitimité des « valeurs » reconnues par la Critique. De ce point de vue, comment établir la « valeur » de la morale du « respect » au sens kantien ? Est-elle *la* « morale » ? Par ailleurs, comment fonder une « éthique » (au sens de la « réflexion philosophique sur la morale »[56]) s'originant dans une « liberté », par hypothèse, « au-delà » (cf. *supra* ce IV) du « bien » et du « mal » (si, du moins, elle n'est en son essence que pouvoir de « choisir ») ? Comment donc fonder une « éthique » sur une « ontologie » pure (cf. *supra* ce IV) ?

Que penser donc de l'« éthique originelle » que serait, au sens heideggerien, la pensée de la « vérité de l'Être comme l'élément originel de l'homme en tant qu'ek-sistant »[57], « éthique » en vertu de laquelle il y aurait un sens à penser la « propriété » et l'« impropriété » comme « modes d'être »[58] ? Ne convient-il pas de souligner, en suivant l'interprétation proposée par J.-A. Barash de « l'histoire de l'Être » (dans la perspective de la *Lettre sur l'humanisme*), « l'incapacité de Heidegger [...] à poser le problème de l'être en commun [ce qui doit passer par un « questionnement [que « Heidegger écarte »] portant sur les critères de l'action juste et équitable » ; « le rôle de l'éthique se

---

[56] E. Tugendhat, *Conférences sur l'éthique*, trad. M.-N. Ryan, PUF, Paris, 1998, p. 33.

[57] Heidegger, *Lettre sur l'humanisme*, trad. R. Munier, *in Questions* III et IV, Gallimard, Paris, 1990, p. 118.

[58] Heidegger, *Être et Temps*, trad. F. Vezin, Gallimard, Paris, 2010, p. 74.

résume principalement pour Heidegger à une préparation [...] de « l'homme de la technique [...] »] »[59] ?

*

Que penser de l'interprétation par Kant de la « liberté » (en son sens « trans-cendantal », cf. *supra* III et ce IV) comme « autonomie » et de la « fondation » kantienne de la philosophie morale ?

Faut-il considérer, comme E. Tugendhat, qu'il n'y a pas de « devoir absolu » ni donc de fondation « absolue » (c'est-à-dire « [évitant] » toute « régression »[60]) de la morale ? Ainsi, la morale ne se fonderait pas dans la « raison », qui, en son sens kantien (celui de l'« impératif catégorique »), est « une invention philosophique »[61], c'est-à-dire « n'existe pas »[62] (ce qui « existe », c'est la « rationalité » définie en son « sens habituel », c'est-à-dire dans le sens où « une personne immorale » peut être dite « rationnelle »[63]). Seule la « volonté constitue le fondement nécessaire de toute morale »[64] : « volonté » de « justifier » une conception morale, c'est-à-dire de montrer « parmi [...] [plusieurs] conceptions [du « bien »] » laquelle est « véritablement la bonne »[65], la « mieux fondée »[66] ; « volonté » de « motiver » « l'acceptation d'un système moral »[67] : il s'agit alors de savoir « 1) si nous voulons vraiment nous concevoir comme membres d'une communauté morale ; et 2) si nous voulons nous concevoir comme membres d'une communauté morale qui se définit par rapport à *cette* conception du bien »[68]. Ainsi, la « tentative »

---

[59] J.-A. Barash, *Heidegger et son siècle. Temps de l'Être, temps de l'histoire*, *o.c.*, p. 188 (J.-A. Barash se réfère à Heidegger, *Lettre sur l'humanisme*, *in Questions* III et IV, p. 114-115).

[60] E. Tugendhat, *Conférences sur l'éthique*, *o.c.*, p. 67.

[61] *Ibid.*, p. 38-39.

[62] *Ibid.*, p. 67.

[63] *Ibid.*, p. 38.

[64] *Ibid.*, p. 87.

[65] *Ibid.*, p. 83.

[66] *Ibid.*, p. 86-87.

[67] *Ibid.*, p. 21.

[68] *Ibid.*, p. 87.

kantienne d'une « fondation non religieuse de la morale » serait un « échec »[69]. La morale, selon E. Tugendhat, ne « repose pas […] sur une fondation absolue, mais sur une trame complexe de justifications et de motivations »[70] ; il est ainsi possible d'établir que la « morale du respect égal et universel – qui est aussi une morale non-instrumentale – » est la « conception […] du bien qui est la plus plausible (c'est-à-dire la mieux justifiée) […] Ce qui signifie alors que l'objectivité des jugements relevant de cette morale peut tout au plus prétendre à la plausibilité. C'est là moins qu'une simple fondation, mais déjà plus qu'une intuition dépourvue de justification et ne pouvant se prêter à la discussion avec d'autres conceptions »[71].

Comment donc juger l'« éthique » architectonique du criticisme, et notamment l'Idée du « sens » de l'existence à l'œuvre dans la philosophie de la « raison » pratique en sa dimension à la fois absolue (l'inconditionnalité de la loi morale) et finie (l'impératif, les postulats (donc la pensée de l'« espérance » au sens de la « théologie morale » criticiste)) ? Que penser de la fondationalité de cette « éthique » de la finitude rationnelle de l'« homme » ? Si la fondation (auto-fondation) de notre finitude dit la « fragilité » (cf. *supra* ce IV) de notre existence (et de notre pensée), ne dit-elle pas aussi leur « dignité », laquelle s'origine, selon notre hypothèse, dans l'« insondable [de la liberté (« pratique »)] » (cf. F. Marty)[72] de notre Être (cf. *supra* III et ce IV) ? La « liberté », en son sens pratique, est pensée par Kant comme « *ratio essendi* de la loi morale »[73], c'est-à-dire de notre « devoir ». Or, qu'en est-il d'un « système », défini comme « tout »[74], (« *auto* »)-fondé, comme finitude, dans de l'insondable, soit dans l'*apeiron* d'une

69 *Ibid.*, p. 6.
70 *Ibid.*, p. 21.
71 *Ibid.*, p. 22-23.
72 F. Marty, « La loi morale comme commandement divin dans l'*Opus postumum* », *in* M. Castillo (sous la direction de), *Criticisme et religion*, *o.c.*, p. 47.
73 Kant, *CRPr*, AK. V, 4, *o.c.*, p. 90.
74 Kant, *CRP*, AK. III, 538, *o.c.*, p. 674.

« liberté » originaire[75] qui « vient d'ailleurs » (cf. *supra* ce IV) ? Que peut donc signifier l'« autonomie » (au sens de la philosophie pratique kantienne) d'une « finitude » ainsi conçue ?

*

La philosophie pratique de Kant est l'objet de critiques visant sa fondation même. Il n'y aurait pas de fondation « absolue » de la morale (de Kant), selon E. Tugendhat (cf. *supra* ce IV) ; mais il est également possible de soutenir l'idée de la relativité historique de la conception morale kantienne. Ces critiques de la morale kantienne affectent du même coup la fondation de la pensée juridico-politique de Kant. Comment, en effet, fonder « absolument » l'Idée de république, l'Idée des droits de l'homme, si la « raison » qui produit ces Idées est elle-même conçue comme la création d'une pensée « relative » ?

D'où la nécessité de revenir à la théorie kantienne de la théologie rationnelle. Quelle est la fonction de la « place »[76] laissée par Kant à l'Idée de croyance rationnelle ? L'Idée criticiste de Dieu n'aurait-elle pas pour objet de garantir philosophiquement, selon l'usage pratique et sur le mode du jugement réfléchissant, l'« absolu » de la raison, donc la fondation « absolue » de l'Idée « politique » ? Cette question ouvre sur une pensée du juridico-politique et constitue même déjà cette pensée comme « réflexion » (au sens du jugement réfléchissant).

La philosophie kantienne du droit, qui se fonde dans l'Idée morale des droits de l'homme, a pour condition la politique (le « droit public »[77]) et s'inscrit dans la perspective de l'Idée de république. La « république », en son opposition au « despotisme »[78], est la manière de gouverner conformément à l'idéal de la paix perpétuelle, qui requiert, à l'intérieur des Etats

---

[75] Cf. notre ouvrage *Kant et la fondation architectonique de l'existence*, *o.c.*, p. 75 sq.

[76] Kant, *CRP*, AK. III, 19, *o.c.*, p. 85.

[77] Kant, *Vers la paix perpétuelle*, AK. VIII, 381 sq., trad. J.-F. Poirier et F. Proust, GF Flammarion, Paris, 1991, p. 124 sq.

[78] *Ibid.*, AK. VIII, 352, *o.c.*, p. 86-87.

et entre eux, l'exigence morale du droit public, c'est-à-dire de l'institution d'un peuple comme volonté souveraine éclairée.

Mais le droit des hommes n'est « sacré »[79] que pour autant qu'il se fonde dans la loi morale, elle-même pensée comme « sainte »[80]. L'administration de ce droit, qui n'est autre que la politique, se fonde donc dans l'Idée de Dieu.

Dès lors, il convient de montrer comment la pensée juridico-politique procède d'une « application »[81] de l'Idée pratique de liberté, comment cette pensée se constitue architectoniquement, et quels sont le sens et la valeur de la théologie morale (ou rationnelle) dans la constitution de la pensée et de l'action politiques.

Mais, en mettant au jour les conditions d'une compréhension « transcendantale » du « sujet », c'est-à-dire d'une compréhension du « sujet » en son rapport au « monde » (donc aux autres « sujets »), soit d'une compréhension « transcendantale » de l'« existence » de l'homme, Kant nous permet de penser une fondation de l'intersubjectivité, et donc de l'intersubjectivité politique.

Ainsi, notre recherche sur l'instauration de l'Idée architectonique doit être reprise afin de rendre possible la pensée la plus originaire transcendantalement de l'Idée du sens commun politique. Comment donc le « sujet » peut-il s'ouvrir à l'Idée du « contrat originaire » pensée comme « règle » de la « constitution »[82] de la communauté politique ?

*

* *

Il nous faut donc revenir sur la question de la « transcendantalité » de la « liberté » (et) du « temps » comme « fondation » de l'« existence » de l'homme (« existence » qui

---

[79] *Ibid.*, AK. VIII, 352, *o.c.*, p. 87.

[80] Kant, *CRPr*, AK. V, 87, *o.c.*, p. 200.

[81] Kant, *Métaphysique des mœurs* I, *Introduction à la Métaphysique des mœurs*, AK. VI, 216, trad. A. Renaut, *o.c.*, p. 166.

[82] Kant, *Réflexions* n° 7734 et 7738, AK. XIX, 503-504, *in* Kant, *Théorie et pratique*, *o.c.*, p. 130-131.

est de l'ordre de la « position », au sens kantien[83], de la « structure par laquelle » l'homme « est ce qu'il est », pour reprendre la définition de l'« essence » proposée par E. Lévinas[84]).

Soulignons, tout d'abord, que l'Idée architectonique doit se concevoir comme « support » (*Grund*)[85], car il en va de la possibilité même d'un « système » de la « science » (« Personne ne tente de construire une science sans prendre pour fondement une Idée »[86]). Et pourtant, dès que nous tentons d'explorer cette Idée, elle se révèle être insondable, comme nous allons le montrer. Ainsi, lorsqu'elle est pensée à hauteur de l'Idéal de la raison pure, soit comme la « nécessité inconditionnée dont nous avons besoin de manière si indispensable comme de l'ultime support de toutes choses », elle apparaît comme « le véritable abîme [*Abgrund*] de la raison humaine »[87]. L'Idée du système est donc bien « insondable, ab-gründig » (Heidegger)[88]. Ce qu'il y a d'insondable dans l'Idée architectonique se manifeste, dans le texte précité de l'Idéal de la raison pure, à travers la « question sans réponse » (Heidegger)[89] que Dieu se pose « pour ainsi dire à lui-même » : « mais d'où vient-il donc que je sois ? »[90], c'est-à-dire en ce lieu où « Dieu apparaît pour ainsi dire abyssal à lui-même » (Heidegger)[91], soit en ce lieu où apparaît, dans notre « incapacité » à « [connaître] » la « réponse » (Heidegger)[92],

---

[83] Cf. Kant, *L'unique fondement possible d'une démonstration de l'existence de Dieu*, AK. II, 73, *o.c.*, p. 81 ; *CRP*, AK. III, 401, *o.c.*, p. 533 et *Les progrès de la métaphysique en Allemagne depuis le temps de Leibniz et de Wolf*, AK. XX, 7, 303, *o.c.*, p. 66.

[84] E. Lévinas, *En découvrant l'existence avec Husserl et Heidegger*, Vrin, Paris, 1982, p. 78.

[85] Kant, *CRP*, AK. III, 409, *o.c.*, p. 542.

[86] *Ibid.*, AK. III, 539, *o.c.*, p. 675.

[87] *Ibid.*, AK. III, 409, *o.c.*, p. 542.

[88] Heidegger, *Questions* IV, « Séminaire du Thor » de 1968, Rédacteur : J. Beaufret, Gallimard, Paris, 1990, p. 386.

[89] *Ibid.*, p. 387.

[90] Kant, *CRP*, AK. III, 409, *o.c.*, p. 542.

[91] Heidegger, *Questions* IV, « Séminaire du Thor » de 1968, *o.c.*, p. 386.

[92] *Ibid.*, p. 387.

l'« abîme »[93] de notre raison. Mais la remise en question de la systématicité de la pensée critique[94], loin de nous soustraire au « devoir » de *penser* cet insondable, nous fait bien plutôt ressentir l'urgence de ce « devoir », puisqu'il y va de *la* question de la philosophie, soit de la question : « Qu'est-ce que l'homme ? »[95].

Ainsi, l'insondable, quels que soient les lieux architectoniques et les contenus pensés dans lesquels il se manifeste, qu'il s'agisse d'amorces de temporalités « phénoménologiques » et « logiques » (telles celles que nous avons pu déceler dans l'Idéal transcendantal comme « *Prototypon transcendantale* »[96] ou dans le schématisme esthétique[97]) ou des Idées (que l'on songe aux Idées de liberté et de Dieu), l'insondable, disons-nous, est cet abîme (ce « fond » sans fond) que nous avons cru pouvoir reconnaître comme ce qui en l'homme dépasse l'homme. Ces lieux insondables sont autant de lieux de « fondation » de l'« humanité ». Ces Idées insondables (citons, parmi les manifestations rationnelles de l'Idée architectonique, l'Idéal transcendantal, la liberté, Dieu) rendent possible une pensée des « sens communs » (logique, moral, esthétique, juridico-politique), c'est-à-dire notre pensée même (qu'elle s'exerce selon les usages spéculatif ou pratique de la raison, sur le mode du jugement déterminant ou réfléchissant) et, plus précisément, notre pensée de l'« homme », laquelle a pour clef de voûte l'Idée d'intersubjectivité.

Nous reconnaissons dans l'originaire le transcendantal même, soit l'articulation de la « liberté » de l'esprit et du « temps », articulation qui rend possible ce qui est dans le temps, c'est-à-dire le temporel. Or, la « liberté », comme le « temps » (et

---

[93] Kant, *CRP*, AK. III, 409, *o.c.*, p. 542.

[94] Cf. Heidegger, *Questions* IV, « Séminaire du Thor » de 1968, *o.c.*, p. 385-386.

[95] Kant, *Logique*, AK. IX, 24-25, *o.c.*, p. 25.

[96] Cf. nos ouvrages *Le problème de l'architectonique dans la philosophie critique de Kant*, *o.c.*, p. 109-115, et *Kant et la fondation architectonique de l'existence*, *o.c.*, p. 54 sq.

[97] Cf. notre ouvrage *Kant et la fondation architectonique de l'existence*, *o.c.*, p. 57 sq.

l'« espace »), sont insondables, en ce sens que je ne choisis ni le pouvoir de choisir ni la nécessité de la temporalisation (-spatialisation), lesquels « viennent » « d'ailleurs » (cf. *supra* ce IV) – ce que nous entendons comme l'« être » même, en excès, du « trans-cendantalisme » –, ne pouvant donc jamais être saisis dans une autotransparence. Ainsi, nous dirions de l'« homme » au sens kantien ce que Heidegger dit du Dasein, à savoir qu'il n'est pas « l'origine de son être [*der Grund seines Seins*] », que son être n'est pas « à son initiative », qu'il n'en est « jamais [...] maître »[98]. Or, que le « sujet » de l'architectonique soit « irréductiblement » « [débordé] » par l'« originaire » « toujours en amont » (nous reprenons cette idée de « débordement » à F.-D. Sebbah qui pense, dans sa propre perspective, le « débordement irréductible » de l'« originaire » par rapport à la « subjectivité » chez E. Lévinas)[99], cela témoigne de la finitude de ce « sujet » et marque le caractère insondable de son « être » transcendantal, donc l'impossibilité d'une transparence à soi de l'« auto »-« fondation » transcendantale.

Mais, qu'il y ait toujours « d'ores et déjà de l'accompli en nous », cela signifie-t-il, comme le soutient E. Lévinas, que « [nous] ne commençons jamais »[100] ? Comment alors pourrions nous penser notre « liberté », qui, chez Kant, nous l'avons montré, n'est pas seulement, comme le soutient la thèse de la troisième antinomie, pouvoir de commencer « par rapport à la causalité », mais bien aussi, et plus fondamentalement, « relativement au temps » (comme autocommencement du temps lui-même)[101] ? Et comment pourrions-nous donc exister comme finitude (d'une pensée) « auto-instituée », puisque cette « auto-institution » (qui est *le* problème de l'anthropologie transcendantale criticiste) requiert le « pouvoir de commencer de

---

98 Heidegger, *Être et Temps*, *o.c.*, p. 342.

99 F.-D. Sebbah, « Une réduction excessive : où en est la phénoménologie française ? », *in* E. Escoubas et B. Waldenfels (sous la direction de), *Phénoménologie française et phénoménologie allemande*, L'Harmattan, Paris, 2000, p. 165.

100 E. Lévinas, *En découvrant l'existence avec Husserl et Heidegger*, *o.c.*, p. 81.

101 Kant, *CRP*, AK. III, 312, *o.c.*, p. 446.

soi-même »[102], lequel est la condition de l'instauration de la métaphysique comme « science » en tant qu'elle a dû surgir d'une « brusque révolution dans la manière de penser »[103] ?

Ainsi, l'Idée architectonique est certes un devoir (à être, à faire), mais elle *est* aussi, en sa mise en œuvre « schématisante »[104], du « temps », le temps (de la pensée, soit de l'existence) comme accomplissement de ce qui *doit être*. Nous saisissons ici la « liberté » en son essence, c'est-à-dire comme temporalisante, et nous comprenons alors l'acte de penser comme ce qui s'inscrit dans le problème d'une raison « pratique par elle-même »[105], soit comme une « pratique »[106] fondée sur le concept (d'un pouvoir) du « devoir ».

*

Mais si l'« être » du transcendantal est toujours « en régime d'excès », suivant une expression de H. d'Aviau de Ternay[107], y compris par rapport à lui-même (ce qui caractérise sa « liberté »), comment le transcendantal peut-il *se manifester*, s'il est vrai que la philosophie critique le met au jour comme la structure même de l'architectonique ? S'agit-il alors d'une auto-« donation », d'une auto-« apparition » du transcendantal ? Mais comment la « liberté » de l'esprit peut-elle s'« apparaître » à elle-même et s'inscrire dans (et comme) le « temps » d'une « pensée », si toute coïncidence avec soi-même, toute transparence à soi de l'« être »-libre est par essence impossible ?

Ainsi, la liberté ne peut se penser (et s'exprimer) que selon l'usage « discursif » de la raison (c'est-à-dire « d'après des concepts »)[108] ; il n'y a ni intuition intellectuelle de la liberté

---

102 *Ibid.*, AK. III, 310, *o.c.*, p. 444.
103 *Ibid.*, AK. III, 10, *o.c.*, p. 75.
104 *Ibid.*, AK. III, 539, *o.c.*, p. 674.
105 Kant, *CRPr*, AK. V, 31, *o.c.*, p. 128.
106 Kant, *CRP*, AK. III, 520, *o.c.*, p. 655 : «Est pratique tout ce qui est possible par liberté ».
107 H. d'Aviau de Ternay, « Quelques pistes pour une lecture de l'essai de Kant sur *La Religion* à partir de la troisième *Critique* », *in* M. Castillo (sous la direction de), *Criticisme et religion*, *o.c.*, p. 75.
108 Kant, *CRP*, AK. III, 472, *o.c.*, p. 607.

(intuition qui « n'est pas la nôtre »[109]) ni pensée de la liberté selon l'usage « intuitif » de la raison (« par la construction de [...] [son] [concept] »)[110], usage selon lequel, dans la mathématique, « le schème est en même temps le produit du schématisme » (F. Pierobon)[111]. Il faut donc se représenter « philosophiquement »[112] une « transcendance » (proprement « transcendant-ale ») « immanente » à l'architectonique, puisque l'Idée de la métaphysique comme « science » requiert que l'« être »-en-excès du transcendantalisme soit d'essence architectonique.

Or, si le temps surgit comme acte de la liberté de l'esprit, la transcendantalité du temps doit, pour le moins, s'articuler à celle de la liberté. Penser la transcendantalité du temps, c'est donc en quelque manière penser la liberté même.

Le temps est, comme « forme de l'intuition », « la manière dont l'esprit [*Gemüt*] est affecté par sa propre activité, [...], par conséquent par lui-même »[113]. Cela ne signifie-t-il pas que le temps est auto-affection de l'esprit, c'est-à-dire auto-affection de la liberté même ? En ce sens, ne serait-il pas légitime de penser que le temps « forme la structure essentielle de la subjectivité » (Heidegger)[114] ? L'esprit, saisi comme « racine » de la liberté et du temps, ne serait-il pas l'« acte de s'engendrer soi-même dans [...] [sa] manifestation » (P. Leconte)[115] ? Il serait alors possible de penser le temps comme identité d'un temps « affectant » et d'un temps « affecté », ainsi que le propose M. Merleau-Ponty : le temps « qui affecte est le temps comme poussée et passage vers un avenir ; celui qui est affecté est le temps comme série

[109] *Ibid.*, AK. III, 209, *o.c.*, p. 304.
[110] *Ibid.*, AK. III, 472, *o.c.*, p. 607.
[111] F. Pierobon, *Kant et la fondation architectonique de la métaphysique*, *o.c.*, p. 93-94.
[112] Kant, *CRP*, AK. III, 469, *o.c.*, p. 604.
[113] *Ibid.*, AK. III, 70, *o.c.*, p. 138.
[114] Heidegger, *Kant et le problème de la métaphysique*, *o.c.*, p. 244.
[115] P. Leconte, « Notes sur la temporalité chez Merleau-Ponty », *L'Enseignement philosophique*, 47e Année – Numéro 2, Novembre-Décembre 1996, p. 18.

développée des présents ; l'affectant et l'affecté ne font qu'un, parce que la poussée du temps n'est rien d'autre que la transition d'un présent à un présent »[116].

Mais, à la vérité, le transcendantal ne « se [confond] » pas chez Kant « avec son sillage dans le sens intime » (cf. M. Merleau-Ponty)[117]. Certes, « penser inclut un réfléchir qui, lui-même, ne peut se produire que dans le temps »[118], mais le passage du transcendantal à l'empirique (cf. *supra* II) exclut toute « confusion de l'empirique et du transcendantal » (cf. M. Foucault)[119].

Par ailleurs, y a-t-il lieu de penser chez Kant une « poussée » (cf. *supra*) du temps, soit une « subjectivité » que M. Merleau-Ponty conçoit comme « ek-stase », « projection d'une puissance indivise dans un terme qui lui est présent »[120] ? Serait-elle l'œuvre d'une « synthèse » ? Mais alors le temps de l'esprit ne serait plus saisi comme forme pure *a priori* de la réceptivité, puisque chez Kant la « synthèse » ressortit à la seule spontanéité.

Le « temps pur » est pensé par Kant comme « rien » dans le sens de l'*ens imaginarium*[121]. Or, ne faut-il pas reconnaître dans ce « rien » comme « [forme] de l'acte d'intuitionner »[122] l'« être » du temps qui se néantise et « doit » resurgir à chaque instant (« [L']*être* [du temps] (maintenant, futur, en même temps, avant, après) est un instant »[123]) ? Nous proposons que cette réinstitution incessante des « points » du temps (cf. *supra* III et ce IV) soit reconnue, en tant que création continuée, comme l'œuvre de la « liberté » de l'esprit, « liberté » que nous définissons comme pouvoir d'auto-commencement, de rupture,

---

[116] M. Merleau-Ponty, *Phénoménologie de la perception*, Gallimard, Paris, 1990, p. 487.
[117] *Ibid.*, p. 486.
[118] Kant, *La fin de toutes choses*, AK. VIII, 334, *o.c.*, p. 117.
[119] M. Foucault, *Les mots et les choses*, Gallimard, Paris, 1990, p. 352.
[120] M. Merleau-Ponty, *Phénoménologie de la perception*, *o.c.*, p. 487.
[121] Kant, *CRP*, AK. III, 232-233 ; IV, 186-187, *o.c.*, p. 328.
[122] *Ibid.*, AK. III, 232 ; IV, 186, *o.c.*, p. 328.
[123] Kant, *Opus postumum*, AK. XXII, 5, *o.c.*, p. 122.

de néantisation, pouvoir qui seul rend raison de ce que E. Lévinas conçoit comme la « rupture de la continuité » et le « recommencement dans le temps discontinu »[124], « l'intervalle du néant indispensable » « entre [...] [l']être [du « présent »] et sa résurrection »[125]. Les « points » du temps seraient donc des « points » de la liberté et la création continuée du temps pourrait être pensée comme une auto-création continuée de l'esprit (*Gemüt*) comme liberté.

Nous saisirions par là l'effectivité même de l'esprit, c'est-à-dire la condition transcendantale de son pouvoir de représentation. Ainsi, le « temps » (de la pensée), qui, en son « être », « n'a aucune durée »[126], œuvre comme fondation transcendantale de la représentation de la « durée »[127], à entendre comme « sensibilisation » du « principe de la permanence de la substance » (P. Kerszberg)[128].

Mais il nous faut approfondir notre pensée de la « liberté » de l'esprit.

La « continuation à travers la rupture » (E. Lévinas)[129] de la pensée et de l'existence (en tant qu'elle est fondée dans l'Idée criticiste de l'« homme ») serait l'œuvre d'un « devoir » (cf. *supra* III), soit une œuvre *morale*. Nous concevons donc la « liberté » comme Idée transcendantale du « devoir » (au sens de la raison pure pratique), Idée qui « fonde », en chaque maintenant de la présence à soi, la « prégnance » (cf. *supra* II et ce IV) du passé – ce qui a *dû* être « posé » (pensé) – et de l'avenir – ce qui *devra* être « posé » (pensé) –. L'« être » du temps (c'est-à-dire de l'esprit) « serait » ainsi « devoir-être », c'est-à-dire pouvoir néantisant (= « liberté ») d'une exigence « morale » « pratique par elle-même » (au sens de la raison pure pratique).

---

124 E. Lévinas, *Totalité et Infini*, Le Livre de Poche, Paris, 2001, p. 317.
125 E. Lévinas, *De l'existence à l'existant*, Vrin, Paris, 1983, p. 158.
126 Kant, *Opus postumum*, AK. XXII, 5, *o.c.*, p. 122.
127 Kant, *CRP*, AK. III, 163 ; IV, 125, *o.c.*, p. 254.
128 P. Kerszberg, *Kant et la nature*, Les Belles Lettres, Paris, 1999, p. 258-259.
129 E. Lévinas, *Totalité et Infini*, *o.c.*, p. 317.

Certes, la « tension interne du kantisme » entre « l'Etre et le devoir-être – le temps et la liberté » (J. Rivelaygue)[130] doit être maintenue, car c'est bien ainsi que se manifeste l'*Aufhebung* entre le « savoir » et la « croyance »[131]. Mais notre interprétation anthropologique-transcendantale ouvre sur l'Idée transcendantale d'une « ontologie » « pratique » du temps, que nous pensons comme un appel à notre conscience (morale). Le temps pourrait se concevoir *comme* « liberté » pour autant qu'il est (pensé comme) celui d'une existence s'assignant la tâche de réaliser la fin « finale », c'est-à-dire la « destination complète de l'être humain », destination (théologico-politique et) « morale »[132]. L'œuvre de Kant, saisie tout entière dans la perspective anthropologique-transcendantale et à la lumière de l'Idée d'un « sens commun » (politique et) moral, nous apparaît donc sous un jour nouveau. Elle peut alors être considérée le plus originairement, c'est-à-dire au niveau de l'effectivité même du travail de la pensée, et c'est seulement à ce niveau qu'elle se manifeste toujours aussi comme anthropologie transcendantale, soit comme Idée « morale ».

Mais que penser de cette Idée de l'« existence » du « temps » comme de cela même qui ne « passe » pas, mais « arrive » (cf. Heidegger)[133], « doit » arriver, à chaque instant, comme « ma » résolution (je ne suis « moi » que dans la mesure où je suis « libre » au sens de l'Idée criticiste de liberté pratique) de « mettre en pratique », pour reprendre une expression de M. Conche[134], l'exigence (« théologico-politique » et) « morale » au sens kantien ? Que penser de l'idée selon laquelle l'« existence » n'est *proprement* « humaine » que pour autant qu'elle temporalise dans l'esprit criticiste de la « théologie morale » ? Que penser donc de la manière kantienne de

130 J. Rivelaygue, *Leçons de métaphysique allemande* II, *o.c.*, p. 375.

131 Kant, *CRP*, AK. III, 19, *o.c.*, p. 85.

132 *Ibid.*, AK. III, 543, *o.c.*, p. 679.

133 Heidegger, *Être et Temps*, *o.c.*, p. 493.

134 M. Conche, « Temps, temporalité, temporalisation », *L'Enseignement philosophique*, 59e Année – Numéro 6, juillet-août 2009, p. 17.

concevoir la « liberté » humaine dans la perspective « fondationnelle » réflexive transcendantale (selon l'usage pratique de la raison) et réfléchissante, instituée en toute « autonomie », d'une Idée « rationnelle », comme telle non cultuelle, de Dieu ? Ainsi, ce qui est en question au cœur de la pensée de la « liberté » et du « temps », c'est le concept même de « raison pratique », c'est-à-dire le concept d'une « raison » conçue comme « fondation » de la philosophie critique de la religion, soit de « l'application critique de la théorie morale » (J. Habermas)[135] à des « contenus historiques » et à des « contenus révélés »[136] ; le concept d'une « raison », disons-nous, ayant le pouvoir de « présupposer » (*voraussetzen*) « l'existence de Dieu »[137], c'est-à-dire de penser une Idée (pratique) de Dieu, et ce, par ses propres forces, Kant « [soulignant] [...] l'autonomie » de la raison par rapport à « toute religion » (A. Philonenko)[138] (comme l'écrit Kant, il « n'y a » pour « la religion *dans les limites* de la simple raison [« laquelle [...] n'est pas déduite *à partir de* la simple raison »] », comme « doctrine de la religion [...] *appliquée* à une histoire donnée », « aucune place dans une [...] philosophie pratique pure »[139]).

---

[135] J. Habermas, *Entre naturalisme et religion*, trad. C. Bouchindhomme et A. Dupeyrix, Gallimard, Paris, 2008, p. 16.

[136] Kant, *Métaphysique des mœurs* II, *Doctrine de la vertu*, AK. VI, 488, trad. A. Renaut, GF Flammarion, Paris, 1994, p. 369.

[137] Kant, *CRPr*, AK. V, 132, *o.c.*, p. 259.

[138] A. Philonenko, *in* Kant, *Doctrine de la vertu*, Introduction, Vrin, Paris, 1996, p. 11.

[139] Kant, *Métaphysique des mœurs* II, *Doctrine de la vertu*, AK. VI, 488, GF Flammarion, *o.c.*, p. 369-370.

TABLE DES MATIÈRES

Philosophie

aux éditions L'Harmattan

Dernières parutions

ÉCONOMIE (L') À LA LUMIÈRE DES PHILOSOPHES
Eyene Mba Jean-Rodrigue-Elisée
Ce livre permet de comprendre que les tentatives des économistes contemporains pour disqualifier la philosophie du processus d'élaboration des modèles, des lois et des principes économiques sont vouées à l'échec. Elles omettent souvent le dénominateur commun de l'économie et de la philosophie : l'épanouissement de l'homme, le maintien de l'équilibre social. Les problèmes que traitent les philosophes relèvent du domaine de la vie pratique de la société dont l'économie n'est qu'un des éléments constitutifs.
(Coll. Philosopher en Afrique, 15.50 euros, 152 p.)
ISBN : 978-2-336-30160-0, ISBN EBOOK : 978-2-296-53723-1

GILLES DELEUZE : PHILOSOPHIE ET LITTÉRATURE
Pombo Nabais Catarina - Préface de Jacques Rancière
Cet ouvrage aide à pénétrer une pensée complexe, et tente de rendre Deleuze accessible. L'auteur a pu définir un accès sensible et raisonné à l'un de ces points privilégiés où la philosophie deleuzienne se construit hors d'elle-même en investissant un espace «non philosophique», celui de la littérature. Il ne peut être question de résumer un travail qui s'attache à suivre, à travers l'analyse fine de quelques singularités, toutes les transformations de la pensée deleuzienne de l'expérimentation littéraire, entendue comme expérimentation de vie.
(Coll. La philosophie en commun, 49.00 euros, 526 p.)
ISBN : 978-2-343-00949-0, ISBN EBOOK : 978-2-296-53833-7

EROS ET INFINI (Tome I)
Le monde, le sujet, le sens
Bailly Jean Jacques
Cet ouvrage constitue la première partie d'*Éros et Infini, Éthique de la temporalité.* L'auteur entreprend une philosophie de l'évènement, de la nouveauté et du sens, de l'éros et du désir, soutenue par une compréhension du temps comme retrait créateur. La confrontation aux grands maîtres conduit à de nouvelles interprétations des grandes questions philosophiques. Ce tome I traite de l'expérience du monde, de la question du sujet, ainsi que de l'origine du sens et de l'éros de l'interprétation.
(Coll. Ouverture Philosophique, 24.00 euros, 228 p.)
ISBN : 978-2-343-00462-4, ISBN EBOOK : 978-2-296-53845-0

EROS ET INFINI (Tome II)
Le sens, le signe, l'éros du bien et du mal
Bailly Jean Jacques
Cet ouvrage constitue le tome II de *Éros et Infini, Éthique de la temporalité.* L'auteur y poursuit sa philosophie de l'évènement, de la nouveauté et du sens, de l'éros et du désir centrée sur l'expérience temporelle du monde. Les questions philosophiques fondamentales sont revisitées. Ce tome II aborde les formes de jouissances et de catharsis du sujet, approfondit la réflexion sur les limites et les configurations du monde, le langage et les signes, et l'enracinement érotique du bien et du mal.
(Coll. Ouverture Philosophique, 22.50 euros, 216 p.)
ISBN : 978-2-343-00499-0, ISBN EBOOK : 978-2-296-53846-7

NOUVELLE AVANT-GARDE (LA)
Vers un changement de culture
Sous la direction de Carine Dartiguepeyrou
La vision du monde postmoderne a beaucoup apporté en déconstruisant la modernité pour mettre en avant des valeurs postmatérialistes et une société plurielle. La nouvelle avant-garde n'est pas seulement une pensée : c'est une culture, une communauté de valeurs et de quête, le fruit d'une intuition collective qui rassemble des personnes de tous horizons autour d'un respect profond pour le vivant, de la conscience que nous ne connaissons qu'une part infime de l'univers.
(Coll. Avant-garde, 19.00 euros, 196 p.)
ISBN : 978-2-343-00822-6, ISBN EBOOK : 978-2-296-53858-0

UN MONDE PARFAIT. GÉOGRAPHIES DE L'AMÉRIQUE IMAGINAIRE
Magliacane Alessia
En vingt-deux chapitres ponctués d'éléments géographiques, minéralogiques, urbains, topographiques, l'auteur reconstruit un contre-scénario de la culture postcapitaliste en suivant une route de l'imaginaire nord-américain suspendue entre l'incessante demande d'émancipation politique, culturelle, raciale, de genre et les terribles rechutes sociales, économiques, symboliques et symptomatiques.
(Coll. Ouverture Philosophique, série Arts vivants, 25.00 euros, 246 p.)
ISBN : 978-2-343-00173-9, ISBN EBOOK : 978-2-296-53963-1

RENÉ SCHÉRER
ou la parole hospitalière
Sous la direction de Cany Bruno, Robveille Yolande
De tous les professeurs ayant participé à l'expérience vincennoise, René Schérer apparaît comme le philosophe hospitalier par excellence, c'est-à-dire celui qui invite à philosopher ensemble dans une communauté de réflexion et de discussion. Mais ce recueil rappelle que la communauté homogène est impossible, fantasmatique du seul fait que l'homogène est la destruction de la communauté. C'est pourquoi le philosophe hospitalier convie à une «communauté de singularités» constituée par la diversité et la pluralité.
(14.50 euros, 146 p.)
ISBN : 978-2-336-29899-3, ISBN EBOOK : 978-2-296-53809-2

POUR UNE ANTHROPOBIOLOGIE PHILOSOPHIQUE DU DÉSIR – Désir et consensus
Nzigou-Moussavou Alain
Moteur essentiel de sa vie mentale et psychique, le désir permet à l'homme de s'orienter dans le monde. Exister pour l'homme, c'est exister comme être de désir. Toutes ses connaissances et ses institutions sont ainsi ramenées à de pures et simples projections pulsionnelles. Voici tentée ici l'entreprise inédite de reconstruction anthropologique du désir.
(Coll. Pensée Africaine, 40.00 euros, 416 p.)
ISBN : 978-2-336-00731-1, ISBN EBOOK : 978-2-296-53951-8

MERLEAU-PONTY
Face aux défis du monde contemporain – Corporéité et solidarité
Mpuku Félicien Laku
Merleau-Ponty n'a jamais explicitement développé une pensée de la solidarité et aucun de ses commentateurs ne s'est attaché à interpréter sa philosophie sous cet angle. La pensée de Merleau-Ponty inclut des possibilités qui débordent ce qu'il a effectivement dit et écrit. Cet ouvrage découvre que notre conscience est d'emblée dans un corps et dans une situation vécue, et que, avant toute prise de conscience de son existence personnelle, l'être humain coexiste. Cette « existence-avec » est fondamentalement une co-présence des êtres corporels.
(Coll. Pensée Africaine, 31.00 euros, 304 p.)
ISBN : 978-2-343-00058-9, ISBN EBOOK : 978-2-296-53797-2

SOLITAIRE (LE) DES ALPES
Ou la vérité religieuse devant la raison
Yermolof Michel - Édition préparée par François Heidsiecck
Préface de Gérard Perrin-Gourron
Michel Yermoloff (1794 1870), homme très cultivé et orthodoxe de naissance, se convertira au catholicisme à 61 ans. Sans se contenter d'une démarche ecclésiale, il entend développer, discuter l'essentiel de sa foi. Dans ce véritable ouvrage d'apologétique rédigé sous forme de dix «Conversations», les Dialogues de ce Général fournissent un témoignage précieux du climat intellectuel de l'époque à travers des développements des thèmes pérennes de la philosophie et de la religion.
(Coll. Ouverture Philosophique, 22.50 euros, 216 p.)
ISBN : 978-2-296-99853-7, ISBN EBOOK : 978-2-296-53715-6

AU-DELÀ DE LA PENSÉE
Être et paraître
Andrieu Gilbert
Les mots ne sont qu'un pâle reflet de la réalité. Ils construisent l'homme, qui croit n'être que ce qu'il dit. Il en est de même de la pensée, qui ne peut dépasser un paraître dont nous ne soupçonnons pas les limites. Penser n'est certainement pas le propre de l'homme et rien ne nous dit que la pensée cesse d'exister après la mort. En cherchant à mieux comprendre l'amour et la mort, il est possible de saisir une origine de la pensée qui s'enracine dans la matière.
(23.00 euros, 230 p.)
ISBN : 978-2-343-00361-0, ISBN EBOOK : 978-2-296-53794-1

DEMI-DIEUX (LES)
Les enseignements cachés de la mythologie grecque
Andrieu Gilbert
Nous nous comportons souvent comme ces demi-dieux qui meurent devant Thèbes et devant Troie ou plus largement en recherchant une Toison d'or. Il est probable que nous puissions terrasser le Minotaure qui est en nous, mais il ne faudrait pas se comporter comme Thésée si nous voulons découvrir la Vérité. Si Héraclès reste le symbole de nos luttes permanentes pour échapper à notre destin, faut-il s'efforcer de lui ressembler ? Que représentent les demi-dieux encore aujourd'hui ?
(23.50 euros, 236 p.)
ISBN : 978-2-336-29361-5, ISBN EBOOK : 978-2-296-53795-8

POUR PENSER L'ÉDUCATION
Fullat i Genis Octavi
Traduit et adapté de l'espagnol par Mònica Guerrero-Rosset, avec la collaboration d'Anne-Marie Drouin-Hans
Octavi Fullat i Genís expose la structure fondamentale d'une anthropologie dualiste, dans laquelle prend sens un modèle d'éducation libératrice. Présentant la signification d'une anthropologie pédagogique, dans le cadre de l'anthropologie philosophique, le lecteur est invité à réfléchir sur la nature des savoirs sur l'éducation. Cet essai est construit par un discours philosophique, dans lequel O. Fullat utilise souvent la dérision et l'ironie, afin de signifier son positionnement au regard de la liberté et de l'éducation morale.
(Coll. La philosophie en commun, 16.50 euros, 156 p.)
ISBN : 978-2-336-29312-7, ISBN EBOOK : 978-2-296-53866-5

SARTRE ET BENNY LEVY
Une amitié intellectuelle, du maoïsme triomphant au crépuscule de la révolution
Repaire Sébastien - Préface de Jean-François Sirinelli
Mars 1980. Une série d'entretiens publiés par le *Nouvel Observateur* fait scandale. Jean-Paul Sartre, un mois avant sa mort, y révoque des pans entiers de son œuvre, dénigrant la notion d'angoisse et reléguant l'athéisme pour s'intéresser au messianisme juif et à la résurrection des corps. Face à lui, son dernier secrétaire, Benny Lévy. Accusé par Simone de Beauvoir de manipuler Sartre, Benny Lévy offre à l'écrivain une dernière occasion de revisiter son œuvre.
(Coll. Questions contemporaines, 25.00 euros, 260 p.)
ISBN : 978-2-343-00632-1, ISBN EBOOK : 978-2-296-53679-1

L'HARMATTAN ITALIA
Via Degli Artisti 15; 10124 Torino

L'HARMATTAN HONGRIE
Könyvesbolt ; Kossuth L. u. 14-16
1053 Budapest

L'HARMATTAN KINSHASA
185, avenue Nyangwe
Commune de Lingwala
Kinshasa, R.D. Congo
(00243) 998697603 ou (00243) 999229662

L'HARMATTAN CONGO
67, av. E. P. Lumumba
Bât. – Congo Pharmacie (Bib. Nat.)
BP2874 Brazzaville
harmattan.congo@yahoo.fr

L'HARMATTAN GUINÉE
Almamya Rue KA 028, en face du restaurant Le Cèdre
OKB agency BP 3470 Conakry
(00224) 60 20 85 08
harmattanguinee@yahoo.fr

L'HARMATTAN CAMEROUN
BP 11486
Face à la SNI, immeuble Don Bosco
Yaoundé
(00237) 99 76 61 66
harmattancam@yahoo.fr

L'HARMATTAN CÔTE D'IVOIRE
Résidence Karl / cité des arts
Abidjan-Cocody 03 BP 1588 Abidjan 03
(00225) 05 77 87 31
etien_nda@yahoo.fr

L'HARMATTAN MAURITANIE
Espace El Kettab du livre francophone
N° 472 avenue du Palais des Congrès
BP 316 Nouakchott
(00222) 63 25 980

L'HARMATTAN SÉNÉGAL
« Villa Rose », rue de Diourbel X G, Point E
BP 45034 Dakar FANN
(00221) 33 825 98 58 / 77 242 25 08
senharmattan@gmail.com

L'HARMATTAN TOGO
1771, Bd du 13 janvier
BP 414 Lomé
Tél : 00 228 2201792
gerry@taama.net

633714 - Décembre 2015
Achevé d'imprimer par

1livre.com

du rêve à la réalité !